Nutze die Talente, die du hast!
Die Wälder wären sehr still,
wenn nur die begabtesten Vögel sängen!

Intelligent und faul durchs Gartenjahr

Karl Ploberger

Intelligent und faul durchs Gartenjahr

avBUCH

Inhaltsverzeichnis

... und viel Spaß beim Garteln!

Viele tausend Mal habe ich diesen Wunsch oder besser diese Aufforderung beim Signieren in meine Bücher geschrieben. Meist während ich dutzende Fragen beantwortet habe. Und viele Male wurde ich um einen Ratschlag gebeten, wann dies oder jenes nun wirklich im Garten zu tun sei.

„Intelligent und faul durchs Gartenjahr" soll Fragen nach dem richtigen Zeitpunkt beantworten. Ein Blick genügt und man weiß, was jetzt gerade zu erledigen ist.

Erfahrungen aus vier Jahrzehnten Gartenleben, Tipps von anderen Gartenbegeisterten und Ratschläge von Fachleuten habe ich in diesem Buch zusammengefasst und nach Monaten geordnet. So ist es leicht, nichts mehr zu vergessen. Manches hat ja im „Faulenzergarten" Zeit – viel Zeit sogar: das Aufräumen im Herbst oder im Frühjahr zum Beispiel. An einigen Stellen unterbleibt es sogar völlig. Nicht, weil wir faul sind, sondern weil wir „intelligent" sind. Das Laub unter den Hecken bleibt liegen, weil dort Nützlinge Unterschlupf finden und dann der Boden abgedeckt ist, weniger schnell austrocknet und im Laufe der Jahre humoser und fruchtbarer wird.

Landesrat Wolfgang Sobotka, Initiator der Aktion Natur im Garten, und Karl Ploberger sind ein gutes Team.

Karl Ploberger bei den Dreharbeiten für die Sendung „Natur im Garten", einer Koproduktion von TalkTV und der gleichnamigen Aktion.

Nur einige Beispiele von vielen, die zeigen: Es geht bequemer, wenn wir mit der Natur und nicht gegen die Natur arbeiten – genau das Motto meiner Gartensendung im ORF, „Natur im Garten". Hier werden Grundlagen des naturgemäßen Gärtnerns vermittelt, wie sie die gleichnamige niederösterreichische Aktion seit mehreren Jahren verbreitet. Der Blick richtet sich aber auch über die Grenzen: Gärtnern endet eben nicht am Gartenzaun, sondern macht Lust auf eine Entdeckungsreise: im eigenen Land oder in anderen Gegenden.

Dabei lernt man viel, was aber nicht heißt, dass anderswo alles besser ist – Gegebenheiten muss man zur Kenntnis nehmen. Was nützen die schönsten Bilder von Rosmarin-Hecken oder blühenden Kamelien-Sträuchern? Bei uns werden diese frostempfindlichen Gewächse nicht im Freiland wachsen. Dafür ist anderes möglich: Gartenerlebnisse vom strengsten Winter über ein üppiges Frühjahr, einen sengenden Sommer bis zu einem überquellenden Herbst. Jahreszeiten haben ihren Reiz!

Genießen Sie Ihr Paradies – viele Gartenjahre lang. Und Sie wissen schon: Viel Spaß beim Garteln!

Karl Ploberger

Aktuelle Informationen finden Sie immer unter www.biogaertner.at und www.naturimgarten.at.

Intelligent und faul durch den Januar

Was ist zu tun?

BLUMEN & CO.

- Frostschutz überprüfen: Egal ob Reisig, Leinen, Folien oder Laub verwendet wurden, es muss immer ausreichende Luftzufuhr gewährt sein, da die Pflanzen sonst faulen.
- Ziersträucher schneiden, mit Ausnahme jener, die gleich im Frühjahr blühen (Forsythien, Flieder etc.).
- An trockenen, frostfreien und schneefreien Tagen kann sogar jetzt Unkraut entfernt werden.
- Zwiebeln und Knollen, die in Sand und Stroh gebettet wurden, sollten auf keinen Fall zu feucht gehalten werden, da sie sonst faulen. Unbedingt kühl aufbewahren.
- Balkon- und Kübelpflanzen im Überwinterungsquartier nicht zu viel gießen. Die Erde in den Töpfen darf aber auch niemals ganz austrocknen.
- Welke Blätter von überwinternden Balkonpflanzen entfernen.
- Jetzt ist die Zeit der klirrenden Fröste und es ist ratsam, die Temperatur in den Überwinterungsräumen zeitweise zu überprüfen – falls nötig, Frostwächter aufstellen.
- Bei starkem Schneefall Gehölze abschütteln, da sie sonst unter der schweren Last Bruchschäden erleiden.

GEMÜSE & KRÄUTER

- Schnittlauch und Petersilie können auf die Küchenfensterbank geholt werden. Sie liefern erstes frisches Grün.
- Saatgut kaufen und Keimproben durchführen.
- An einem lichten Standort nahe dem Fenster kann Kresse gesät werden.

Kresse gedeiht besonders rasch und ist ein erster „Vitaminstoß".

- Jetzt ist Zeit, Anbaupläne zu erstellen.
- Säen und Pflanzen unter Glas oder Folie und in Frühbeete: Pflücksalat, Schnittsalat, Saatzwiebeln, Sommerlauch, Weißkohl, Kohlrabi, …
- Gemüse- und Obstlager kontrollieren. Regelmäßige Belüftung gegen zu viel Feuchtigkeit im Keller vornehmen.

OBST- & NASCHGARTEN

- Schneiden von Obstbäumen und Auslichten von Beerensträuchern beginnt bei milder Witterung schon jetzt.
- Schutz vor Wildverbiss anbringen.
- Mögliche Holzschäden durch starke Wintersonne und darauf folgende Nachtfröste. Schützen Sie die Bäume durch Kalken der Stämme vor Frostrissen (der Kalkbrühe kann Tapetenkleister oder Wasserglas zugesetzt werden, so hält der Anstrich besser). Fertige Anstriche sind im Handel erhältlich.
- Faulendes Lagerobst auslesen.

PFLANZENSCHUTZ

Im Januar gibt es kaum Schädlinge, die direkt zu bekämpfen sind. Allerlei Vorbeugemaßnahmen können Sie jedoch ergreifen. Die Stämme der Obstbäume sollten am besten mit einer Wurzel- oder Reisbürste gereinigt werden. Leicht abbürsten und Abgestorbenes somit entfernen. Der Obstbaumschnitt ist eine wichtige Pflegearbeit, da dabei auch die kranken und ertragsmindernden Triebe entfernt werden.

Ein Kalkanstrich schützt die Bäume vor Frostrissen.

Zeit für Planung

Gärten sollen nicht durch Zufall entstehen, sondern Schritt für Schritt. Zuerst werden die Wünsche aller Garten„bewohner" gesammelt, dann die gewünschten Bereiche in Skizzen eingetragen und, falls nötig, reduziert oder ergänzt. So entsteht ein einfacher Plan, der Grundlage für die endgültige Gestaltung sein kann.

GUT DING BRAUCHT WEILE!

Lassen Sie sich von der Fülle der Ideen, die Sie und Ihre Mitplaner vielleicht haben, nicht entmutigen. Gehen Sie die Sache langsam an. Nur wer Spaß am Garten hat und sich Zeit lässt, wird die Gestaltung auch zu einem guten Ende bringen. Daher ist es ratsam, lieber jedes Jahr einen Gartenteil („Gartenraum") zu errichten. Zu beachten ist nur, dass alle generellen Arbeiten wie Strom- und Wasserleitungen sowie Hauptwege gleich zu Beginn abgeschlossen worden sind.

Karl Ploberger weiß, wovon er spricht. Im Januar ist Zeit für die Gartenplanung.

Schritt für Schritt zum perfekten Plan

Gartenplanung beginnt mit der Hausplanung – also rechtzeitig! Verwenden Sie Millimeterpapier, so ist der Maßstab am leichtesten einzuhalten (1 cm = 1 Meter). Setzen Sie einfache Symbole für alle Elemente Ihres entstehenden Gartens.

Zeichnen Sie als erstes die Umrisse ein. Norden sollte am Papier immer oben sein, so erkennen Sie die Sonnen- und Schattenseiten. Zeichnen Sie auch dominierende Details außerhalb des Grundstücks ein: Hausmauern von Nachbarhäusern, große Bäume, Straßen.

Alle unveränderlichen Teile des Gartens wie Gartentore, Zufahrten

So entsteht der Garten für intelligente Faule

1 PLANUNG
Beginnen Sie rechtzeitig mit der Wunschsammlung.

2 ARBEITSKRAFT
Überschätzen Sie nicht Ihre Arbeitskraft und die Zeit, die Sie „garteln" wollen.

3 NATUR
Wählen Sie die Natur als Vorbild: Teiche immer an der tiefsten Stelle, Bäume, Sträucher und Stauden in der Höhe abstimmen.

4 GARTENRÄUME
Schaffen Sie durch Sträucher, Mauern „grüne" Räume – das macht kleine Gärten größer und große Gärten überschaubarer.

5 SITZPLÄTZE
Legen Sie mehrere Sitzplätze an. Einen in der Sonne (für kühlere Tage) und einen im Schatten (für die Hundstage). Oder: einen an der Ostseite des Hauses, wo gefrühstückt wird und einen an der Westseite für die Abendstunden.

6 WEGE
Wege sollten nicht bloß „verbinden", sondern auch zum Entdecken einladen.

7 BAUSTOFFE
Beschränken Sie sich auf wenige Baustoffe. Steine, Ziegel aber auch Holz dürfen nicht dominieren, sondern sollten die Wirkung der Pflanzen hervorheben.

8 HAUSBAUM
Ein Hausbaum gibt einem Wohnhaus Geborgenheit und Schutz – seit alters. Beachten Sie aber auch die Wuchshöhen.

9 „KINDER"-GARTEN
Vergessen Sie nicht auf Ihre Kinder. Geben Sie ihnen Flächen zum Austoben und Entdecken. Es muss kein perfekter Spielplatz errichtet werden. Sträucher zum Verstecken tun es auch.

10 GENUSSGARTEN
Planen Sie Obst- und Beerengehölze ein. Sie machen kaum Arbeit, bieten aber viel Genuss.

und natürlich die bereits fertig gestellten oder fix geplanten Gebäude (Garagen, Gartenhäuschen) werden im Plan eingetragen. Das gilt auch für Bäume oder Gehölze, von denen man annimmt, dass sie bei der Planung integriert werden können. Noch passiert nichts, wenn der eine oder andere „alte" Baum zuerst weggelassen wird und dann doch im Garten bleiben soll, es genügt ein Federstrich und er ist wieder da.

Als nächstes werden die Hauptelemente des Gartens eingezeichnet, also z.B. ein Teich, ein Bachlauf, eine Blumenwiese, der Gemüsegarten. Danach kommen die Blumenbeete und möglicherweise notwendige Mauern (Trockenmauern), um abfallendes Gelände abzustützen.

Wege schaffen Verbindungen. Oftmals ist aber der kerzengerade Gartenweg langweilig. Rund um einen Strauch, vorbei an einem Sitzplatz, ein sanfter Übergang in einen Kiesweg, einen Rindenmulch-Pfad und schließlich in einen Rasenweg – da kommt keine Langeweile auf.

Selbst kleine Gärten „vertragen" Bäume – wenn sie richtig ausgewählt wurden. Beachten Sie jedoch die Größe der Bäume in 10 bis 15 Jahren und zeichnen Sie sich ihren endgültigen Durchmesser ein.

Blumenbeete sind der letzte Teil der Planung. Versuchen Sie immer, den Garten in seiner Gesamtheit zu betrachten. Vergessen Sie also nicht, Bäume und Sträucher als lebende Kulisse für ein Staudenbeet einzuplanen. Fertigen Sie für solche Beete Pläne für jede Jahreszeit an. Im Frühjahr dominieren Zwiebelblumen, im Sommer Stauden, im Herbst sind es vielleicht Ziergräser.

Intelligent und faul durch den Januar

Aus NEU mach ALT

Wer den Charme der alten, mit Moos und Flechten überzogenen Töpfe nicht missen möchte, aber keine antiken Gefäße findet, der kann die Alterung beschleunigen: Töpfe alle paar Wochen mit Joghurt einstreichen. Die Töpfe werden sich bald mit Moosen und Flechten überziehen.

GUTER BODEN

Gibt es eine schnelle Möglichkeit zu sehen, ob der Boden gut oder schlecht ist?

„Zeig mir deinen Boden, und ich sage dir, was dort wächst." Mineralischer, also „steinhältiger" Boden ist heller – je heller desto mineralischer. Ein Boden hingegen, der mehr Humus enthält, ist dunkler. Guter Gartenboden liegt farblich in der Mitte, nicht zu hell und nicht zu dunkel.

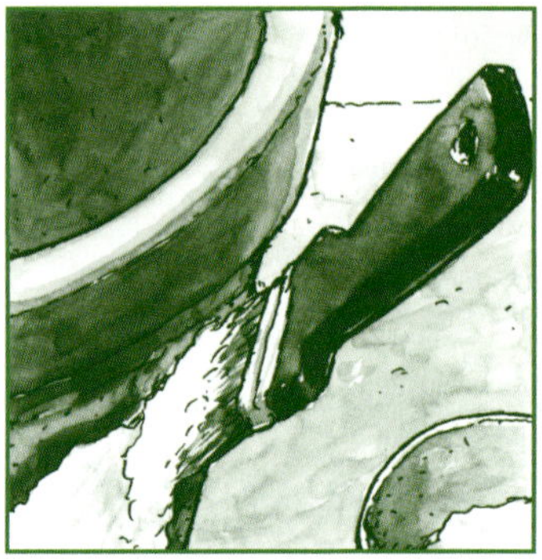

GIESSEN – AUCH IM WINTER!

Liegt kein Schnee und bläst ein starker, frostiger Wind, spricht man von Frosttrockenheit. Die Pflanzen vertrocknen, was im Frühjahr oft als „erfroren" angesehen wird. Gießen Sie daher bei Temperaturen über 0 °C auch im Winter, vor allem die immergrünen Pflanzen.

HYGIENE GEGEN KRANKHEITEN

Tontöpfe müssen unbedingt von Zeit zu Zeit gereinigt werden. Das einfachste und schonendste Mittel dafür ist Essig-Wasser (1/4 Liter Essig auf 5 Liter Wasser). Legen Sie die Töpfe für einige Stunden in diese Lösung und spülen Sie anschließend gut nach.

Farben im Garten haben besondere Wirkungen: Gelb wirkt sehr warm.

KLEIN(ST)E FARBENLEHRE

Welche Farben passen im Blumenbeet zusammen?

Blau und Weiß wirken kühl, Gelb und Rot wirken warm. Ein roter Garten kann aufregend und anregend wirken, weiße Blüten in einer schattigen Gartenecke lassen den Garten größer erscheinen.

WERKZEUG-CHECK

Gut: Spaten, Grabgabel und Hacke (Haue, Kräuel, Häunel) als erste Grundausstattung

Besser: Zusätzlich noch drei Werkzeuge, die besonders praktisch sind:

- Der Sauzahn sieht wie eine Sichel mit einem kleinen Gänsefuß aus und kann bei lockerem Boden angewendet werden. Er wird durch die Erde gezogen – Wasser und Luft dringen bis zu 30 cm tief ein.
- Der Kultivator schneidet die obersten Zentimeter des Bodens in kleine Plättchen und unterbindet die Verdunstungskanäle.
- Mit dem Grubber kann selbst steiniger Boden wurzelschonend gelockert werden. Er ist auch ein ideales Gerät zum Unkrautentfernen.

Kräuterduft auf der Fensterbank

Mitten im Winter, wenn Schnee, Regen und Matsch schon lästig werden, bleibt nur eines: Träumen – von Sonne, Sommer und dem Duft der Kräuter.

Im richtigen Topf, ...

Die besten Pflanzgefäße für Kräuter sind Tontöpfe, obwohl man die Pflanzen darin öfter gießen muss. Dafür ist das Klima ausgeglichen und es kann in den Töpfen aus Ton kaum zu Staunässe kommen. Sie ist die Todfeindin der Kräuter. Gefäße aus Ton gibt es in allen Formen und Ausführungen.

... in der richtigen Erde ...

Das größte Problem für alle nicht Gartenbesitzer ist allerdings, an die richtige Erde für die Kräuterzucht zu kommen. Folgende Erdmischung hat sich am besten bewährt: Maulwurferde (im Frühjahr bei einem Sonntagsausflug leicht zu sammeln – fragen Sie aber den Grundbesitzer!), Anzuchterde aus der Packung, etwas scharfer Flusssand (oder Quarzsand bzw. „Rasenquarzsand“) und Walderde als Humusanteil. Alle Teile gut mischen und in die Töpfe füllen. Sie können natürlich auch Blumenerde aus der Packung verwenden, da aber die meisten Kräuter „Hungerkünstler“ sind und die Blumenerde stark gedüngt wird, beginnen die Pflanzen übermäßig zu wachsen. Ein Versuch mit so genannter Kakteenerde (sie enthält Sand und weniger Nährstoffe) hat sich ebenfalls bewährt.

Neu im Handel sind bestens geeignete spezielle Kräutererden. Nicht vergessen, dass das Abzugloch des Topfes mit einer Tonscherbe abgedeckt wird, damit es nicht durch Erde verstopft werden kann.

... wachsen Kräuter ganz von selbst!

Die meisten Kräuter sind schon im Januar als Jungpflanzen erhältlich; für Kresse empfehle ich die Aussaat: entweder die Samen auf ein Sand/Erdgemisch streuen oder auf einem Blatt Küchenrolle, das ständig feucht gehalten wird, zum Keimen bringen.

Welche Kräuter für die Fensterbank?

Nicht alle Kräuter sind den extremen Bedingungen (wenig Licht, viel zu warm) eines Fensterbrettes gewachsen. Es gibt aber einige Sorten, die – wenigstens für einige Wochen – problemlos gezogen werden können. Favoriten sind jetzt: Basilikum, Schnittlauch, Petersilie, Rosmarin und natürlich Kresse. Wirklich nur kurze Zeit überleben werden Dill, Estragon, Kerbel, Liebstöckel, Melisse, Oregano, Thymian und Salbei. Sobald es frostfrei ist, sollten alle Kräuter im Freien aufgestellt werden.

Blattlaus & Co. – was tun?

Normalerweise treten Schädlinge bei den jetzt im Handel erhältlichen Kräuterpflanzen nicht auf. Ist dennoch die eine oder andere Blattlaus zu finden, empfehle ich das Abwaschen. Bei extremem Befall sollten Sie die Pflanze in den Garten setzen oder besser wegwerfen. Auf keinen Fall dürfen Pflanzenschutzmittel im Zimmer verwendet werden!

Intelligent und faul durch den **Februar**

Was ist zu tun?

BLUMEN & CO.

- Fuchsien und Geranien werden nun zurückgeschnitten. Ende des Monats, wenn sich wieder grüne Triebe zeigen, kann umgetopft werden.
- Die ersten einjährigen Sommerblumen werden unter Glas oder am Zimmerfenster ausgesät. Die Aussaaten rechtzeitig pikieren.
- Geschützt ausgesäte Kaltkeimer sollten ins Freie gestellt werden.
- Spät blühende Gehölze werden jetzt zurückgeschnitten. Vorsicht! Wenn Sie frühjahrsblühende Sträucher wie Forsythien oder Flieder vor der Blüte schneiden, wird es keine Blüte geben, da sie bereits Knospen angesetzt haben.
- Schneeglöckchen und Frühlings-Knotenblumen können nach der Blüte ausgegraben, geteilt und so vermehrt werden.
- Zimmerpflanzen jetzt umtopfen und eventuell zurückschneiden.
- Für Kübelpflanzen ist jetzt der richtige Zeitpunkt für einen Frühjahrsschnitt, wenn er nicht schon im Herbst vorgenommen wurde.

GEMÜSE & KRÄUTER

- Mitte und Ende Februar Aussaat von Freilandgemüse im Glashaus oder im halbwarmen Kasten (Mistbeet): Salat, Kohlrabi, Kohl, Knollensellerie, Tomaten, Karfiol, …

- Für die Aussaat nur reife Komposterde verwenden. Kompost in halb verrottetem Zustand können Sie jetzt auf Beete bringen, die erst nach den Eisheiligen bestellt werden.
- Aussaat von *Phacelia* – dem Bienenfreund, einer Gründüngungspflanze, die durch ihren starken Wuchs Unkraut niederhält und blauviolett blüht. (Möglichst früh aussäen!)
- Vliesabdeckungen schützen vor Frösten, lassen aber im Gegensatz zu Folien Luft durch.

OBST & NASCHGARTEN

- Bei den Johannisbeeren die dreijährigen und älteren Triebe herausschneiden, falls nicht schon im Sommer nach der Ernte geschehen.
- Der Obstbaumschnitt kann bis weit ins Frühjahr fortgesetzt werden.
- Schneiden Sie die Bäume und Sträucher nur an frostfreien Tagen! Lassen Sie das Schnittgut liegen. Tiere wie Rehe und Hasen werden so von den Obstbäumen abgelenkt.

- Das Schnittgut kann als Unterlage für den Kompost verwendet werden. Nicht zu klein häckseln, so kommt Luft in den Kompost.
- Brombeeren sind durch Fröste stark gefährdet. Schützen Sie die Ruten empfindlicher Sorten mit einer Strohabdeckung.

PFLANZENSCHUTZ

- Der Februar ist interessant für Glashausgärtner. Das Erdreich sollte jetzt mit Urgesteinsmehl überstreut und leicht eingehackt werden – eine Vorbeugemaßnahme gegen Pilzerkrankungen. Kurz vor der Pflanzung von Salat, Kohlrabi & Co. das Überstreuen wiederholen.
- Die Stämme der Obstbäume weiß anstreichen, um einen zu frühen Austrieb zu verhindern. Mischen Sie zum Anstrich (im Handel als Fertigprodukt erhältlich) ein bis zwei Prozent Wasserglas!

Start ins neue Gartenjahr

Es gehört zu den schönsten Momenten im Gartenjahr, wenn man Ende Februar am Morgen aus dem Haus kommt und „den Frühling riecht“: Ab diesem Zeitpunkt gehören „Kontrollgänge“ zur Tagesordnung – immer wieder wird inspiziert, ob nicht da ein Schneeglöckchen, dort ein Krokus hervorlugt oder sich womöglich schon die erste Blüte beim Marillenbaum geöffnet hat.

Bald geht es los ...

Schon bald, spätestens aber mit dem Tag der Gertrud (17. März) beginnt die Gartenarbeit. Dennoch sollten Sie nichts übereilen. Denken Sie an die alte Gärtnerweisheit:

» Bleibt noch Erde auf den Stiefeln kleben, darf der Boden nicht betreten werden. «

Erste Saat

Sobald die Beete jedoch abgetrocknet sind, beginnt die Aussaat: Radieschen, Karotten und einige Blattsalate lassen sich schon jetzt im Freiland aussäen.

Nützen Sie eine „moderne“ Gärtner-Erfindung: das Vlies. Diese hauchdünne Gaze ist äußerst robust und schützt die junge Saat und die kleinen Pflänzchen. Weiterer Vorteil: Die Wärme wird (wie bei einem Gewächshaus) gehalten, zu starkes Auskühlen in der Nacht verhindert.

Praktisch dabei: Im Gegensatz zu Folien kann unter dem Vlies selbst starke Sonnenstrahlung die zarten Blätter nicht verbrennen. Außerdem muss es zum Gießen nicht entfernt werden. Unter einer solchen schützenden „Haube“ kann die Ernte gleich um zwei, manchmal auch um drei Wochen früher stattfinden.

Die Korkenzieherhasel (Corylus avellana 'Contorta') blüht je nach Region Ende Februar und im März.

Intelligent und faul durch den Februar

Balkonpflanzen jetzt umtopfen

Im Winterquartier „schnuppern“ die Balkonblumen und die Kübelpflanzen schon die Frühlingsluft. Bringen Sie daher Pelargonien, Fuchsien und Margariten zunächst an einen hellen und wärmeren Ort und lassen Sie dort die Stöcke frisch antreiben. Dadurch wird die Wurzelbildung angeregt und die Pflanzen wachsen nach dem Umtopfen gleich kräftig weiter. Erst einige Tage nach dem Umtopfen, wenn sich die Pflanze wieder erholt hat, darf zurückgeschnitten werden. In die Erde sollten Sie für gesundes und kräftiges Wachstum Langzeitdünger und Hornspäne mischen.

GARTENGESTALTUNG: WENIGER IST MEHR!

Gut: Sie haben die Qual der Wahl bei Baustoffen für den Garten, verwenden aber nicht zu viele verschiedene Materialien.

Besser: Es werden wenige und zusammenpassende Materialien verwendet. Dabei harmonieren:

- Beton mit Edelstahl und Glas.
- Naturstein mit Holz und Eisen, aber auch mit Edelstahl.
- Ziegeln mit altem, verrostetem Eisen oder auch Holz.

Gehölze können jetzt geschnitten werden.

GEHÖLZSCHNITT – AN FROSTFREIEN TAGEN DIE IDEALE WINTERBESCHÄFTIGUNG

Alte Äste herausschneiden und damit Luft und Licht in die Sträucher bringen. Keinesfalls bloß außen herum die Triebe einkürzen. Der Kugelschnitt ist für Blütengehölze völlig ungeeignet! Die knorrigen Äste sollen etwa 4 bis 6 Jahre alt sein und bodeneben abgeschnitten werden. Entweder mit einer stabilen Astschere oder mit einer kleinen Astsäge. Die kleineren Äste werden ungehäckselt auf den Komposthaufen gegeben, die stärkeren Aststücke können entweder gehäckselt und als selbst gemachter Mulch verwendet werden. Oder – für ganz Faule mit einem großen Garten: einen Totholzhaufen anlegen. Das Holz vermodert und gibt vielen Nützlingen wertvollen Lebensraum.

GERÄTE WARTEN

Erinnern Sie sich noch an letztes Jahr? Ende April war es. Endlich schönes Wetter und Zeit zum Rasenmähen. Und dann: Der Mäher springt nicht an ... Ersparen Sie sich diesen Ärger und den zusätzlichen Zeitaufwand, denn jetzt ist im Garten wenig zu tun und Sie finden garantiert einige Minuten für das Jahresservice.

DER WEG IST DAS ZIEL

Welcher Weg soll gebaut werden?

Es gibt viele Möglichkeiten.

- Ein **Kiesweg** ist mit etwas Unterbau oder mit einem Geovlies als Unterlage schnell gebaut.
- Einen **Steinplattenweg** als wetterfeste Gehverbindung zu verlegen dauert länger, ist mühsamer, aber für Hauptverbindungen zu empfehlen.
- Der **Rindenmulchweg** eignet sich im Gemüsegarten, als Schattenpfad oder zwischen Blumenbeeten.

ZEIG MIR DEINE PFLANZEN UND ICH NENN' DIR DEINEN BODEN

HUMUSREICHER GARTENBODEN

Große und Kleine Brennnessel *(Urtica dioica u. U. urens)*
Hirtentäschel *(Capsella bursa-pastoris)*
Vogelmiere *(Stellaria media)*

LEHMIGER BODEN

Acker-Hahnenfuß *(Ranunculus arvensis)*
Huflattich *(Tussilago farfara)*
Kletten-Labkraut *(Galium aparine)*

TONIGER (SCHWERER, NASSER) BODEN

Breit-Wegerich *(Plantago major)*
Kriech-Hahnenfuß *(Ranunculus repens)*
Löwenzahn *(Taraxacum officinale)*

SANDIGER (TROCKENER) BODEN

Hungerblümchen *(Erophila verna)*
Sand-Mohn *(Papaver argemone)*

KALKARMER BODEN

Adlerfarn *(Pteridium aquilinum)*
Acker-Hundskamille *(Anthemis arvensis)*
Wildes Stiefmütterchen *(Viola tricolor)*

KALKREICHER BODEN

Wegwarte *(Cichorium intybus)*
Wiesen-Salbei *(Salvia pratensis)*

Kompost – ganz ohne Mühe

KOMPOSTHAUFEN MELDEN PROBLEME SOFORT:

*Ist der Inhalt **grau,** war das Material zu trocken und zu locker aufgeschichtet – statt Erde findet man nur staubiges Innenleben vor.*

*Ist der Inhalt **faulig, feucht** und **stinkt**, wurde das Material zu stark zerkleinert. Der Häcksler war wieder einmal zu oft im Einsatz und in der Fäulnis ist alles Leben erstickt.*

Abhilfe in beiden Fällen
Sofort den Haufen neu aufsetzen und je nach Problem mit viel trockenem oder viel nassem Material mischen. Die Natur bügelt die Fehler aus, es muss nichts weggeworfen werden!

Für die kleine Erdfabrik ist ein halbschattiger Platz auf gewachsenem Boden ideal. Eine nicht zu kleine Fläche abseits des Hauses, aber doch in zentraler Lage, verhindert später beim Gartenarbeiten lange beschwerliche Wege. Eine kleine Hecke oder ein nicht allzu großer Baum sind gute Nachbarn. Dort fühlen sich die Kompostwürmer und Bakterien wohl und arbeiten rasch an der Umsetzung der Stoffe. Keinesfalls darf der Komposthaufen in der prallen Sonne oder an einer Stelle aufgerichtet werden, die nicht abtrocknet.

Schritt für Schritt zum Kompost

Sie brauchen kaum Hilfsmittel: An schattiger Stelle werden alle organischen Stoffe in Humus verwandelt. Es dauert nur etwa ein Jahr und die Komposterde ist fertig.

Die größten Fehler beim Aufbau eines Komposthaufens passieren, wenn das Material zu klein gehäckselt wird und daher im Kompost nicht verrottet, sondern fault.

Daher wird bei mir alles (holzige) Material bis zur Stärke eines Daumens unzerkleinert auf den Kompost geworfen, bunt gemischt mit all den anderen organischen Abfällen aus Garten und Haus.

Ein Beispiel für „problematischen“ Abfall ist Rasenschnitt. Kommt er in einer Schicht von mehr als 20 cm auf den Kompost, beginnt das Material in der ersten Phase nicht zu verrotten, sondern zu gären. Gestank und Hitze sind die Zeichen dafür, dass etwas „faul“ ist. Ein Komposthaufen, der richtig aufgeschichtet wird – mit holzigem und damit trockenem Material, gemischt mit feuchtem und meist grünem Abfall, wird nicht stinken. Vielmehr beginnt unmittelbar die Umwandlung der Stoffe in Humus.

WAS KOMMT AUF DEN KOMPOST?

Aus dem Garten:
Laub, Rasenschnitt, abgeschnittene Blütenstauden, Stroh, Jätgut, Pflanzenabfälle, Äste, Rasensoden, Sägespäne, Reisig

Aus dem Haus:
alte Erde aus Blumentöpfen und Balkonkästen, Schnittblumen, Wollreste, Federn (nur in geringen Mengen), Haare, Wolle (Schaf- oder Baumwolle)

Aus der Küche:
Gemüse und Obstreste (auch Orangen-, Zitronen-, Bananenschalen), Kaffee- und Teefilter; ACHTUNG: niemals gekochte Abfälle wie Kartoffeln, Nudeln, Reis aber auch Knochen und Fleischreste auf den Hauskompost geben – Rattenbefall könnte die Folge sein!

Zuschlagsstoffe:
Düngekalk, Algenmehl, Gesteinsmehle, Hornspäne

FÜR KLEINE GÄRTEN

In meinem Garten ist kein Platz für einen Komposthaufen!

In Gärten mit wenig Platz haben sich Thermokomposter zur raschen Verrottung von Grünabfällen bewährt. Die Gärsilos werden meist aus Recycling-Kunststoffen hergestellt. In der gedämmten Kompostkammer erhitzt sich das Grüngut rasch und stark. Unkrautsamen werden vernichtet. Zuschlagsstoffe wie Kompostbeschleuniger sind zwar nicht unbedingt notwendig, machen den Kompost jedoch ausgewogener in seiner Zusammensetzung.

Die beste Komposterde entsteht, wenn die organischen Abfälle möglichst bunt gemischt aufgeschichtet werden.

Intelligent und faul durch den März

Was ist zu tun?

BLUMEN & CO.

- Je nach Witterung beginnen die Pflanzarbeiten.
- Die Rosen werden nach Ende der Frostperiode aus dem Winterschlaf geholt: Abdecken und schneiden – richtiger Zeitpunkt: wenn die Forsythie blüht.
- Für die Rasensaat (ab Ende April) kann der Boden vorbereitet werden.
- Säubern Sie den bestehenden Rasen von Laubresten und anderen „Winterrelikten". Der Rasen beginnt sonst zu faulen. Vertikutieren Sie erst nach dem ersten Mähen, dann sind die Wurzeln des Grases ausreichend dicht.
- An Blumen und Gehölzen winterliche Schutzabdeckungen entfernen.
- Ein Frühjahrsputz im Garten ist nicht zwingend notwendig. Dürre Zweige und Stauden werden abgeschnitten. Laubreste müssen nur vom Rasen entfernt und auf den Komposthaufen gebracht werden. Unter Hecken bleibt das Laub liegen – es bietet Schutz für Nützlinge.
- Immergrüne Hecken erhalten rechtzeitig zu Austriebsbeginn Ende März ihren jährlichen Rückschnitt – so verlieren sie nicht zu viel Kraft.
- Umtopfen von Balkon-, Kübel- und Topfpflanzen. Wenn nicht umgetopft werden muss, kann man 1 bis 2 cm frisches Substrat aufbringen.
- Kompost verteilen. Diese Kraftnahrung für alle Pflanzen sollte nun auf alle Beete (ca. 2 bis 3 cm stark), unter Bäumen und Sträuchern, zu Rosen und auf Blumenbeeten aufgebracht werden. Nur leicht einarbeiten (mit Rechen oder Grubber).

GEMÜSE & KRÄUTER

- Aussaat ins Freiland: Spinat, Erbsen, Karotten, Radieschen, Zwiebeln, Schnittsalat, Petersilie.
- Unkraut entfernen: Unkräuter, die sich rasch durch Aussaat vermehren, unbedingt vor der Blüte entfernen.
- Die ersten Schnecken kommen. Absammeln ist eine gute natürliche Pflanzenschutzmethode.
- Boden vorbereiten: mit Hacke oder Sauzahn lockern und Kompost oberflächlich einarbeiten.
- Robuste, ausdauernde Kräuter wie Liebstöckel, Zitronenmelisse oder Sauerampfer können bei offenem Boden gepflanzt werden.
- Knollen und Wurzeln wie Topinambur, Kren und ab der 2. Monatshälfte frühe Kartoffeln dürfen ebenfalls bei frostfreiem Boden gepflanzt werden.
- Gemüsebeete vorbereiten. Unter Folien oder Vlies kann man bereits Salat ansetzen. Versuchen Sie Rucola (am besten „wilden" – *Rucola selvatica*). Dieser aus Italien stammende Salat ist der Hit der letzten Jahre.

OBST & NASCHGARTEN

- Für wenige Wochen ist jetzt Pflanzzeit.
- Es besteht weiterhin die Möglichkeit Obstgehölze zu schneiden.
- Bei neu gepflanztem Obst wird der Erziehungsschnitt durchgeführt.

Leimringe helfen rechtzeitig gegen Schädlinge.

- Krebs und Frostwunden können nach der gröbsten Frostgefahr ausgeschnitten und fachgerecht behandelt werden.
- Erdbeerbeete vor der Blüte, ohne das Herz der Pflanzen zu verletzen, von kranken Blättern säubern. Zwischen den Pflanzen flach lockern. Kompost aufstreuen und mulchen.

PFLANZENSCHUTZ

- Spätestens jetzt ist die Zeit der Schädlingsbekämpfung im Obstgarten gekommen, die Leimringe müssen entfernt werden.
- Schaffen Sie für Ihre Pflanzen optimale Lebensbedingungen, d.h. richtiger Standort und ausreichend Nährstoffe, dann werden die Obstpflanzen genügend Kraft gegen den Schädlingsbefall entwickeln. (Auch gesund ernährte Menschen erkranken viel seltener!)
- Wer jetzt Knoblauch zwischen Erdbeeren setzt, hat später weniger Mühe mit Krankheiten.
- Lavendel setzen Sie leicht erhöht in durchlässigen Boden zur Blattlausabwehr zwischen die Rosen.
- Der März bringt meist eine große Läuseplage bei überwinternden Kübelpflanzen. Egal ob Blatt-, Schild-, Woll- oder sonstige Läuse, keine sind der Pflanze Freund. Gegen Blattläuse empfehlen sich Schmierseifenlösung (1 Liter Wasser, 1 Esslöffel Schmierseife, 1 Spritzer Spiritus). Bei den Schild- und Wollläusen können Sie ein Paraffinölpräparat verwenden, es ist zugleich eine Blattglanzpflege.

Für alle Läusearten gilt: Raum für viel Luftbewegung schaffen.

Schnecken jetzt bekämpfen

Noch lange vor der eigentlichen Schneckenzeit sollte der „intelligente“ Hobbygärtner vorsorgen. Jetzt ist die Bekämpfung dieser größten Plage noch leichter als im Mai und Juni, wenn der Großangriff droht.

Schnecken einst und heute

Bevor allerdings „mit Kanonen geschossen“ wird, heißt es in einem Garten, der mit möglichst wenig Chemie auskommen soll, zu überlegen, warum es überhaupt dazu gekommen ist, dass diese Tierchen uns das Gartenleben so schwer machen. Einerseits – so meinen Experten – sind die Spanischen Wegschnecken in den 60er Jahren des vorigen Jahrhunderts durch Lebensmitteltransporte zu uns gelangt und haben sich Dank der feuchten Sommer prächtig verbreitet und vermehrt.

Andererseits zeigen die Erfahrungen, dass sich die Pflege der Gärten in den letzten Jahrzehnten stark verändert hat. Früher war es an Bauernhöfen und auch in Siedlergärten üblich Hühner zu halten – und als „letzte Besucher“ durften sie im Herbst im Garten aufräumen: Schneckeneier und kleinere Schnecken zählen zu ihren Leckerbissen. Wer auf den 5-Uhr-Schrei des Federviehs lieber verzichten möchte, kann ganz einfach den Garten naturnah gestalten und pflegen.

Natürliche Bekämpfung

- Trockenmauern (Steinmauern, die nicht betoniert werden) sind Oasen für Schneckengegner wie Salamander oder Blindschleichen.
- Laub unter Hecken und Blütensträuchern bleibt liegen und bietet Unterschlupf für Laufkäfer, die große Schneckenvertilger sind.
- Gehölzschnitt bleibt am Rande des Gartens – dort kann sich der Igel verstecken.
- Konsequentes Absammeln der ekeligen Schleimtierchen am Abend und am Morgen bringt nicht nur Bewegung für den Gärtner, sondern ist die beste Vorsorge.

Unter Brettern sind sie jetzt zu finden: die Schnecken.

„SCHNECKENFESTE“ PFLANZEN

Es gibt einige Pflanzen, die gar nicht oder nur selten von Schnecken angeknabbert werden.

- **Schafgarbe (*Achillea*)**
- **Eisenhut (*Aconitum* – giftig)**
- **Farne (*Adiantum, Athyrium*)**
- **Frauenmantel (*Alchemilla*)**
- **Löwenmaul (*Antirrhinum*)**
- **Akelei (*Aquilegia*)**
- **Astilben (*Astilbe*)**
- **Sumpfdotterblume (*Caltha*)**
- **Storchschnabel (*Geranium*)**
- **Taglilie (*Hemerocallis*)**
- **Pupurglöckchen (*Heuchera*)**
- **Fleißiges Lieschen (*Impatiens*)**
- **Nachtkerze (*Oenothera*)**
- **Phlox (*Phlox*)**
- **Steinbrech (*Saxifraga*)**
- **Hauswurz (*Sempervivum*)**
- **Kapuzinerkresse (*Tropaeolum*)**
- **Ehrenpreis (*Veronica*)**

Chemische Kompromisse

Kommt irgendwann doch Panik auf, weil alles abgefressen ist, greifen viele Hobbygärtner zum Schneckenkorn. Verwenden Sie aber nur „umweltfreundliches“ Schneckenkorn! Es wird flächig ausgestreut und danach angegossen. Warten Sie nicht darauf, die toten Schnecken zu finden. Sie verziehen sich in Erdritzen und gehen dort zugrunde. Das seit einigen Jahren erhältliche Mittel besteht aus Eisen-III-Phosphat und ist Untersuchungen gemäß völlig ungefährlich für andere Tiere. Es sollte schon jetzt im zeitigen Frühjahr angewendet werden, denn da nehmen Schnecken die ausgestreuten Körner besonders gerne auf.

Intelligent und faul durch den März

ERST SANDGRUBE, DANN GRÄSERGARTEN

So praktisch Plastik-Sandkisten sind, Kinder lieben es doch mehr, wenn sie selbst gestalten können. Und so wird eine Sandgrube errichtet:
Am besten von einem Minibagger ausgegraben, wird das Erdloch zunächst mit Vlies ausgekleidet und dann mit Sand aufgefüllt.

Ist nach einigen Jahren die Lust am Sandspielen vorbei, wird dieses Stück Garten entweder der Natur überlassen und es werden sich auf den Sandflächen für Sandstandorte charakteristische Pflanzen wie die Königskerzen breit machen. Oder man wählt eine Gestaltung mit Gräsern.

Aus der Sandgrube ...

... wird später ein Gräsergarten.

BEQUEMES GEMÜSE

Gemüsegärten sind freilich nicht so bequem, aber es macht dennoch Freude, frischen Salat aus dem Garten holen zu können. Jetzt ist Pflanzzeit! Am einfachsten säen Sie so genannte Pflücksalate, die rasch geerntet werden können. Auch Radieschen, Erbsen und Zwiebeln benötigen keine Pflege.

DUFTENDER THYMIAN-WEG

Einem Garten ohne Duft fehlt etwas Wesentliches! In Pflasterritzen können Sie einfach Rasenkamille oder Wilden Thymian setzen. Beide wachsen selbst in den kleinsten Ritzen, sogar zwischen Pflastersteinen. Bei jedem Tritt verströmen diese kleinen Pflanzen dann ihren Duft.

GARTENFREUDEN OHNE SCHWITZEN

Kaum wärmt die Frühlingssonne so richtig, lockt es viele Hobbygärtner ins grüne Paradies. Macht die Arbeit zu Beginn noch Spaß, so wird sie vielen bald lästig. Das muss nicht sein! Garteln statt Gartenarbeiten lautet die Devise der „intelligenten Faulen". Wer jetzt mit Freude den Grundstein für einen naturgemäßen Garten legt, wird es in den nächsten Monaten viel leichter haben. Zu Beginn des Gartenjahres erfolgt der Startschuss fürs „richtige Garteln".

STAUDEN TEILEN

Die Stauden wurden im letzten Jahr „blühfaul".

Gegen blühfaule Pflanzen hilft Teilung, die Pflanze wird verjüngt. Stauden lassen sich durch Teilen und Spalten am besten im Frühling vermehren, weil sie sich noch fast im Winterschlaf befinden und daher leichter erholen.

SAATBAND STATT EINZELSAMEN

Auspflanzen geht schneller als Säen.

Mit einem Saatband aber ersparen Sie sich das mühselige Vereinzeln der gekeimten Sämlinge. Die Samen kleben einzeln schon in richtigem Pflanzabstand auf einem dünnen Papierstreifen, den man einfach im richtigen Reihenabstand in der notwendigen Pflanztiefe eingräbt. Es gibt auch Saatbänder mit verschiedenen Gemüsesamen – der schnellste Weg zur Mischkultur.

ESSEN STATT JÄTEN

Gut ist es Unkraut zu jäten.

Besser ist es Unkraut zu essen. Gänseblümchen-Knospen dienen als Kapernersatz, die offenen Blüten wirken dekorativ in Suppen, Salaten und Tees. Vogelmiere-Blättchen schmecken köstlich im Salat, Taubnessel im Blütentee. Löwenzahn-Blüten, Veilchen und Ehrenpreis können ebenso gegessen werden.

Der Gartenteich – eine Oase der Natur

Wenn es so etwas wie einen Modetrend in der Gartengestaltung gibt, dann ist das zweifellos der Gartenteich oder das Biotop, wie er häufig genannt wird. Was ist so schön am Gartenteich? Die magische Wirkung des dunklen Teichwassers, das Erlebnis, die Natur hautnah beobachten zu können, oder bloß die Tatsache, dass 20 Quadratmeter Teich leichter zu pflegen sind als 20 Quadratmeter Rasen, der jede Woche geschnitten werden muss? Wahrscheinlich von allem ein wenig …

Der Teich entsteht

Waren früher Lehm oder Beton die einzigen, aber leider kompliziert zu verarbeitenden Dichtungsmaterialen, so hat die neue Folientechnik in den letzten Jahren den großen Bau-Boom ausgelöst. Nun ist es wirklich für jeden Gartenliebhaber möglich den Teich in jeder beliebigen Größe anzulegen. Und doch, oder gerade deshalb, passieren viele Fehler.

Die Alternative zum Teich: Ein künstlicher Bach

Natur auf kleinstem Raum, das schafft ein kleiner Bachlauf. Von einem Quellstein fließt das Wasser in einem mit Folie abgedichtetem Bett bis zu einem Wasserspeicher – beispielsweise einem vergrabenen Regenfass. Von dort wird es mit einer kleinen, Strom sparenden Teichpumpe zum Ursprung gepumpt. Damit die Pumpe nie trocken läuft, sollte eine automatische Wassernachfüllung nach dem System eines WC-Spülkastens im Regenfass eingebaut werden.

Der Bach selbst ist mit Steinen, Sand und Kies ausgelegt, das Fass mit einem Baustahlgitter abgedeckt, das mit großen Flusssteinen bedeckt wird. Die eigentliche Naturoase ist

Der Gartenteich hat sogar schon im Frühling seinen Reiz. Jetzt kann auch mit dem Bau begonnen werden.

der Bachrand: Brunnenkresse, Sumpfdotterblume, Schlüsselblumen, Blausternchen, selbst Bärlauch wachsen hier.

Die Pumpe muss nicht ständig laufen: zwei Stunden am Morgen, drei bis vier Stunden zu Mittag und – je nach Lust und Laune – ebenso lang am Abend. Die schönsten Stunden zum Entspannen, wenn nebenan der Bach gluckst ...

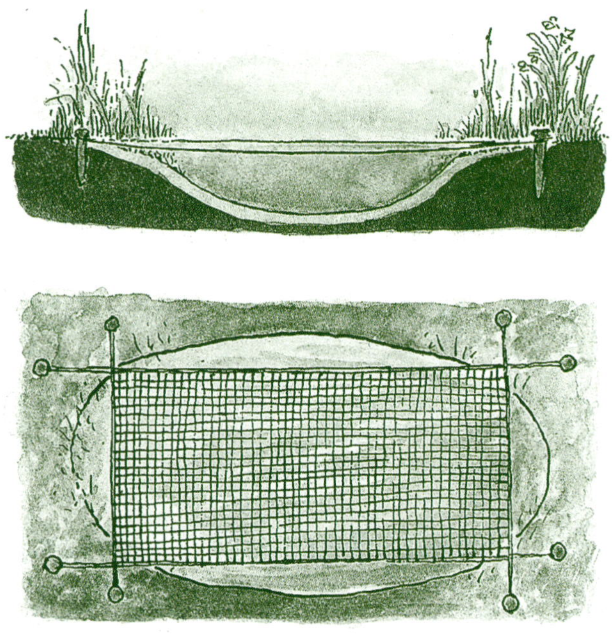

Schutz für Kinder

Ein Teich ist für Kinder wie ein Magnet. Zuerst ein paar Steine hineinwerfen, dann ein Holzstück schwimmen lassen und plötzlich ...

Alljährlich ereignen sich Unfälle, daher sollten Gartenliebhaber schon beim Errichten eines Teiches Vorsichtsmaßnahmen treffen. Familien mit kleinen Kindern können den Teich mit Zäunen, die nicht überklettert werden können (also keine Querdrähte!), absichern. Starke Gittermatten, die knapp unter der Wasseroberfläche gespannt werden, sind eine Alternative. Großeltern, aufpassen! Gerade in „fremden" Gärten ereignen sich häufig Unglücksfälle.

DIE GRÖSSTEN FEHLER BEIM TEICHBAU

Falscher Standort. Wenn der Teich im Tagesverlauf zu lange der Sonne ausgesetzt ist, erwärmt sich das Wasser zu stark und es kommt zu verstärkter Algenbildung. Der Schatten von Bäumen liefert hier den idealen „Sonnenschirm" und verhindert eine zu starke Erwärmung.

Zu seicht. Mindestens 80 bis 100 cm (oder mehr) sollte der Teich tief sein. Das stellt sicher, dass es kühlere Wasserzonen gibt, die mehr Sauerstoff enthalten.

Steile Ufer. Ein schwerwiegender Fehler, der vielen Tieren zur tödlichen Falle werden kann. Selbst Kröten, die zum Ablaichen zum Biotop kommen, gehen in einem solchen Wasserbecken zugrunde.

Zu wenige Pflanzen. Das Geheimnis eines algenfreien Teiches ist die richtige Bepflanzung. Die Randzonen sollten – der Wassertiefe entsprechend – bepflanzt werden: das seichte Ufer mit Sumpfdotterblume, Sumpf-Schwertlilie und Blut-Weiderich. Die erste Teichstufe mit 50 cm Wassertiefe und mehr mit Hornblatt, Seerose und dem Kleinen Rohrkolben. Empfehlenswerte Schwimmpflanzen sind Krebsschere, Froschbiss und Wasserhahnenfuß.

Keine Goldfische. Goldfische haben in einem Natur-Biotop, das ohne Spezialfilter und Wasserumwälzung auskommen soll, nichts verloren. Ihre Ausscheidungen bringen das sensible Ökosystem zum Kippen und Algen wuchern.

Intelligent und faul durch den April

Was ist zu tun?

BLUMEN & CO.

- Unbedingt Winterschutz wie Reisigzweige entfernen, sonst entstehen beim Austrieb Schäden.
- Wenn der Boden abgetrocknet ist, können alle Pflanzen gesetzt werden. Zum Auspflanzen sind bewölkte Tage zu bevorzugen. Wichtig vor dem Pflanzen ist die Wässerung der Wurzeln. Containerpflanzen einfach in einen Kübel mit Wasser gefüllt tauchen, bis keine Luftblasen mehr aufsteigen. Wurzelpflanzen ganz vollsaugen lassen.
- Im April werden viele Sommerblumen ausgesät: z.B. Sommeraster *(Callistephus)*, Skabiose. Robuste Sommerblumen kann man in milden Klimalagen auch schon auspflanzen.
- Teilen von Gräsern und Stauden, die nach dem Juni blühen. Die anderen Stauden sollten besser nach der Blüte oder im Herbst geteilt werden, da sonst das Blühen verhindert oder beeinträchtigt wird.
- Aufbinden von Gehölzen sowie von Stauden.
- Erste Pflegemaßnahmen beim Rasen: Grunddüngung bzw. stickstoffbetonte Frühjahrsdüngung mit organischen Düngern, Wässern, Vertikutieren erst nach dem ersten Schnitt.
- Beim ersten Rasenmähen keinesfalls die Blätter der Frühjahrsblüher (Narzissen oder Krokusse) abmähen, die Blätter müssen erst einziehen.
- Ende April kann mit der Rasensaat begonnen werden.
- Dahlienknollen in großen Abständen in einen nährstoffreichen Boden legen. Auch Gladiolenknollen kommen jetzt in die Erde. Sie sind zwar frostempfindlich, treiben jedoch erst nach den Eisheiligen aus.
- An sonnigen Tagen Balkonblumen und Kübelpflanzen abhärten, aber nicht sofort in die pralle Sonne stellen.

GEMÜSE & KRÄUTER

- Bodenuntersuchung durchführen lassen. Gezieltes Düngen spart Geld und ist besser für die Umwelt. Immer organische (Bio-)Dünger verwenden.
- Gründüngung: z. B. *Phacelia* und Kapuzinerkresse lockern verdichteten Boden – *Phacelia* mit Hilfe ihrer kräftigen Wurzeln und Kapuzinerkresse durch Beschattung und somit Förderung des Bodenlebens. Außerdem verdrängen sie Unkraut.
- Schmetterlingsblütler wie Perser-Klee, Bohnen und Erbsen reichern mageren Boden durch in den Wurzeln lebende, Stickstoff produzierende Knöllchenbakterien mit Nährstoffen an.
- Gurken und Zucchini im Warmen vorziehen und später im Mistbeet abhärten.
- Aussaat unter Folie: Karfiol, Kohlrabi, Fenchel.
- Aussaat ins Freie: Erbsen, Lauch, Karotten, Radieschen, Rettich, Zwiebeln, Salate, Mangold, Kartoffeln.
- Pflanzung von Eissalat, Brokkoli und Knollenfenchel.
- Der Komposthaufen kann jetzt umgesetzt werden. Er darf nicht zu nass (gegebenenfalls abdecken) und auch nicht zu trocken sein (dann gießen).

OBST & NASCHGARTEN

- Pflanzen von Beerensträuchern, Kiwi und Wein.
- Beerensträucher können jetzt vermehrt werden. Einzelne Triebe am Strauch werden herabgebogen, unter die Erde gebracht und nach erfolgter Bewurzelung abgenommen.
- Unter Beerensträuchern eine Mulchschicht aufbringen.
- Zwischen den Erdbeerpflanzen mit einer Strohunterlage mulchen, damit die Früchte später nicht schmutzig werden.
- Die Blüten der Süßkirschen müssen von einer anderen Sorte befruchtet werden. Dazu genügt es, zur Blütezeit den Ast einer Befruchtersorte in den Baum zu hängen.
- Pfirsichbäume während der Blüte schneiden.

PFLANZENSCHUTZ

Achtung! Schädlingsbefall beobachten und rechtzeitig Maßnahmen ergreifen. Im April tritt bei Pflaumen, Zwetschken und Mirabellen die Pflaumensägewespe auf. Sie ist sehr klein, ca. 0,5 cm, und fast ausschließlich gelb gefärbt. Schlüpft je nach Witterung Anfang bis Mitte April und fällt sofort in die blühenden Bäume ein. Es folgen Eiablage und Larvenbildung. Die Larven fallen nach etwa 5 Wochen zu Boden und bohren sich ins Erdreich, wo sie überwintern. Mit der guten, alten Klopfmethode können Sie viele dieser Larven abfangen und töten. Legen Sie am Morgen (da sind die Tiere noch schlafstarr) ein helles Tuch oder großes Packpapier unter den Baum und klopfen Sie kräftig an den Stamm. Dieses Abschütteln einige Tage wiederholen und die Tiere danach vernichten.

Jetzt die Erdbeeren mit Stroh mulchen.

Frühjahrskur für den Rasen

Kann ein Rasen auch auf biologische Art und Weise gepflegt werden? Also ohne Kunstdünger oder chemische Unkrautvernichter?
Auch wenn ich ein noch so großer Fan englischer Gärten bin, der englische Rasen hat bei mir keine Chance. Nicht nur wegen der Chemie, die dabei zum Einsatz kommt, sondern vor allem wegen des extremen Arbeitsaufwandes – nichts für „intelligente Faule“!

Kein „Englischer Rasen“

Ich erinnere mich an den Gärtner eines englischen Landhauses, der mir erzählte, dass der Rasen wöchentlich zweimal gemäht, alle paar Wochen gedüngt und alle zwei Monate mit einem Unkrautvernichter behandelt werden müsse. Da ist mir meine Gänseblümchenwiese mit Wiesenschaumkraut schon lieber! So denken offenbar viele, denn Rasendünger mit Unkrautvernichter sind praktisch nicht mehr zu verkaufen. Aber wie pflegt man nun den Rasen rein „biologisch“?

Biologische Rasenpflege

Zuerst muss die **Nährstoffversorgung** stimmen: Einerseits bekommt der Rasen mit gesiebtem Kompost Kraftnahrung, andererseits mit einem mild und langsam wirkenden organischen Rasendünger. Damit werden die Wurzeln der Gräser gestärkt und wachsen kräftig.

Ist ihr **Rasen vermoost**, sollten Sie ihn vom Moosfilz befreien. Hier wird nämlich die Feuchtigkeit gespeichert, die Graswurzeln breiten sich in dieser Schicht aus und vertrocknen, wenn es einige Tage lang nicht regnet. Wir wollen aber, dass das Gras tiefe Wurzeln bildet. Also vertikutieren Sie den Rasen nach dem ersten Schnitt, entfernen Sie die Moos- und Grasreste und streuen Sie eine Schicht gesiebten Kompost auf. Wenn Sie große Probleme mit Moos im Rasen haben, dann mischen Sie in die Komposterde ein Drittel bis zur Hälfte Quarzsand (als Rasensand ist er im Handel erhältlich). Das fördert die Durchlüftung und verhindert Staunässe.

Wenn Sie viele **Wildkräuter** im Rasen haben, dann mähen Sie das Gras nicht zu kurz (Stufe 3 beim Rasenmäher ist meist die richtige), denn die Gräser benötigen das Grün der Blätter, um kräftig wachsen zu können. Die Unkräuter hingegen passen sich bei sehr kurzem Schnitt rasch an und verzweigen sich knapp über dem Boden. Mit der Zeit ist dann nur noch Wildwuchs zu sehen.

Arbeitssparer Blumenwiese

Wenn aus einem Rasen eine Blumenwiese werden soll, kann man da und dort auch das Blumenwachstum beschleunigen, indem man die Rasenfläche aufreißt und Wiesenblumensamen einstreut oder gleich fertige Pflanzen setzt.

SO WIRD DER RASEN MOOSFREI

- *Nach dem ersten Mähen (nicht früher!) Rasen belüften – also vertikutieren (Geräte gibt es leihweise).*
- *Das gesamte Moos entfernen – es kann kompostiert werden.*
- *Rasen „absanden", also drei Teile Kompost (oder Fertigerde) und ein Teil Quarzsand mischen und etwa ein bis zwei Zentimeter hoch auftragen.*
- *Eventuell Rasen nachsäen. Im Schatten speziellen Schattenrasen verwenden.*
- *Gut düngen, am besten mit organischem Rasendünger oder mit hochwertigen Rasenlangzeitdüngern, die Nährstoffe langsam an den Boden abgeben.*

Ist der Rasen vermoost, hilft das Entfilzen, auch Vertikutieren genannt.

Intelligent und faul durch den April

EIN BLUMENBEET FÜR INTELLIGENTE FAULE

Sie möchten ein Blumenbeet anlegen, das viele Jahre lang blüht. Was müssen Sie tun?

Wer ein Blumenbeet für intelligente Faule anlegt, sollte Stauden verwenden. Stauden überwintern ohne zu erfrieren und treiben jedes Jahr neu aus.
Stauden haben verschiedene Standortansprüche: Es gibt Stauden für die volle Sonne, für den Schatten, für trockene Böden oder für feuchte Standorte. Frauenmantel *(Alchemilla)* passt in den Halbschatten, Rittersporn *(Delphinum)* hingegen liebt die Sonne und Farne sind für den tiefen Schatten geeignet. Auch Größe und Farbe sowie Blütezeit spielen bei der Auswahl eine wichtige Rolle. Gute Fachberatung hilft weiter.

BESTE TOPFERDE FÜR KRANKE PFLANZEN

Sie haben eine kränkelnde Pflanze, der Wurzelballen ist zu dicht und Umtopfen angesagt. Welche Erde eignet sich am besten?

Ein Gemisch aus drei Teilen Kompost und einem Teil Sand (3:1).

TRICK BEI SCHWEREN TÖPFEN

Wenn Sie größere Töpfe bepflanzen wollen, füllen Sie Styroporteile in den unteren Teil des Gefäßes. Das Gewicht bleibt geringer und auch Wurzelfäule kann weitgehend vermieden werden.

BLUMEN IN KÄSTEN UND TÖPFEN: NICHTS ÜBEREILEN!

- Die Faustregel, dass erst nach den Eisheiligen der große Blumen-Einzug auf Balkon und Terrasse beginnt, gilt bei mir immer.
- Verwenden Sie nur qualitativ hochwerte Fertigerde ohne Torf. Besonders dunkle Erde ist meist minderwertig – sie besteht aus Schwarztorf, der verschlämmt.
- Sie können sich die Erde für Ihre Blumenkästen auch leicht selbst mischen. Die ideale Mischung dafür ist Gartenerde (am besten samenfreie vom Maulwurfshügel) und Kompost – als natürlichen Langzeitdünger – im Verhältnis 1:1, und mengen Sie noch ein wenig Sand dazu.
- Beim Pflanzen sollte die Erde gleich mit Nährstoffen versorgt werden. Zur organischen Langzeitdüngung besonders gut bewährt haben sich auch Hornspäne: Eine ganze Handvoll kann in den ein Meter langen Normkästen eingearbeitet werden. Dann werden die Balkonblumen gut wachsen.

WALD-ERDBEEREN ALS BODENDECKER

Bodendecker wie das Immergrün sind in jedem Fall Faulenzerpflanzen, sie unterdrücken Unkraut und schützen den Boden. Genauso pflegeleicht sind Ausläufer treibende Wald-Erdbeeren. Auch sie bilden in kurzer Zeit einen dichten Teppich und liefern aromatische Naschfrüchte. Aus den Blättern lässt sich ganz nebenbei auch noch Tee zubereiten.

Wald-Erdbeeren sind ein köstlicher Bodendecker.

FRÜHSTÜCK FÜR DEN SCHNITTLAUCH

Mit einem starken Kaffee und einem Frühstücksei beginnt ein guter Tag – auch für den Schnittlauch! Die Eierschalen werden in die Erde eingegraben, denn der darin enthaltene Kalk kräftigt den Schnittlauch, und Kaffesud tut ihm auch gut.

SCHMUTZIGER SALAT

Gut ist es in jedem Fall, den Salat zu waschen.

Besser ist, wenn der Salat überhaupt nicht schmutzig ist. Gegen Erdspritzer nach einem Regen hilft eine entsprechende Mulchschicht aus Rasenschnitt. So bleibt der Salat im Beet sauber und knackig.

DIE RICHTIGE TOPFERDE

Als Pflanzsubstrat eignet sich herkömmliche Gärtnererde (etwa 2/3), die aber unbedingt mit Gartenerde (etwa 1/3) vermischt werden sollte. Auch Kompostzusätze (pro 40 cm Blumentopf etwa 3 Handvoll) und Hornspäne (etwa 1 Handvoll) sowie Gesteinsmehl (ca. 1/2 Handvoll) sollten untergemischt werden.

Intelligent und faul durch den Mai

Was ist zu tun?

BLUMEN & CO.

- Nach den Eisheiligen kommen alle frostempfindlichen Blumen (Sommerblumen) ins Freie.
- Dahlien setzen.
- Aussaat von Sommerblumen wie Löwenmaul, Ringelblume, Schmuckkörbchen, Sonnenblumen.
- Rasenneuanlagen oder ergänzende Aussaaten im Rasen vornehmen.
- Wasser- und Sumpfpflanzen in das Teichwasser pflanzen, das sich nun allmählich erwärmt.
- Es sollten nur mehr Gehölze mit Ballen, im Container (Topf) bzw. Nadelgehölze gepflanzt werden.
- Stauden im Container kann man wie andere Containerpflanzen jetzt und auch später noch in aller Ruhe pflanzen.
- Zwiebelblumen einziehen lassen, erst dann die vertrockneten Blätter entfernen. Nur so werden sie auch für die Blüte im nächsten Jahr ausreichend Kraft zur Verfügung haben.
- Gegen Ende des Monats können auch einige Zimmerpflanzen ins Freie gebracht werden.
- Empfindliche Kübelpflanzen werden jetzt aus dem Winterquartier hervorgeholt. Während der Oleander einige Minusgrade aushält, müssen bei anderen „exotischen" Pflanzen die letzten Fröste abgewartet werden. Notwendige Rückschnitte, Umtopfarbeiten und vor allem Düngungen werden vorgenommen.

GEMÜSE & KRÄUTER

- Anzucht von Winterkohlarten: Je früher man sät, desto kräftiger sind die Pflanzen vor dem Winter.
- Den Boden zwischen den Saatreihen immer wieder mulchen, das hält ihn locker. Je größer die Pflanzen, desto mehr kann gemulcht werden.
- Als Alternative zum Mulchen eignen sich für Zwischensaaten Kresse, Spinat, Radieschen und Rettich sowie einjährige Kräuter.
- Die „Unkrautzeit" hat leider wieder begonnen. Aus den meisten Unkrautpflanzen lässt sich aber guter Kompost herstellen. Achtung! Bringen Sie keine blühenden Unkräuter, die sich durch Samen vermehren, auf den Kompost.
- Bei der Saat von Stangenbohnen gilt: Weniger ist mehr! Legen Sie max. 6 Samen pro Stange.
- Auspflanzen von Kohl, Kohlrabi, Porree, Salaten und Sellerie. Gurken, Tomaten und Paprika werden Mitte des Monats gepflanzt. Decken Sie die empfindlichen Pflänzchen mit Vlies ab. Sellerie bekommt keine Knollen, war er einmal der Kälte ausgesetzt.
- Pflanzzeit auch für alle einjährigen Kräuter.

OBST & NASCHGARTEN

- Spindel- und Spalierobstbäume sollten mit Vlies vor den letzten Frösten geschützt werden. Auch blühende Erdbeeren sind gefährdet. Alternative bei leichtem Frost: Am Abend mit Wasser besprühen, das schützt vor geringen Minusgraden.
- Johannisbeer- und Stachelbeersträucher blühen und benötigen ausreichend Feuchtigkeit. Vorsichtig

Trompetenblume,
Salpiglossis sinuata 'Royale Mix'

gießen und gut mulchen – mit Rasenschnitt oder Rindenhumus.

- Der Grund für Fruchtabfall bei Beerenobst ist neben Wassermangel oft ungenügende Bestäubung. Pflanzen Sie verschiedene Sorten, da viele Beerensträucher Fremdbestäuber sind.
- Am Spalier Jungtriebe entspitzen. Pfirsichtriebe notfalls regulieren.

PFLANZENSCHUTZ

Der Mai bringt eine Vielfalt an Schädlingen!

- Zwiebelfliege, Möhrenfliege, Lauchmotte, Kohlfliege etc. können gut mit Schutzvlies von den Pflanzen ferngehalten werden (keine gelochten oder geschlitzten Wachstumsfolien). Helles Vlies, das Wasser und Sonnenlicht gut zu den Pflanzen transportiert, etwa zwei bis drei Wochen auf den Kulturen belassen – so kann die Eiablage der Schädlinge verhindert werden.
- Die Kirschfruchtfliege legt Ende Mai/Anfang Juni ihre Eier in die reifenden Kirschen. Hängen Sie rechtzeitig Gelbtafeln in die Bäume!
- Dürre Äste bei Marillen (Aprikosen) und Weichseln abschneiden und bei Moniliabefall verbrennen.
- Ohrwurmhäuschen gegen Blattläuse in Obstbäumen aufhängen.

Sommerblumen als Lückenfüller

Sommerblumen sind fantastisch: Im Mai werden sie gepflanzt, wenige Wochen später blühen sie in voller Üppigkeit. Ganz faul darf man freilich nicht sein. Das Vorbereiten des Beetes, die Aussaat oder das Anpflanzen und natürlich das Gießen bedeuten viel Mühe. Trotzdem werden viele, die sich zwar eigentlich zu den Bequemen zählen, auf dieses Feuerwerk an Blüten nicht verzichten wollen.

Achten Sie beim Anlegen eines Sommerblumenbeetes auf die unterschiedlichen Wuchshöhen der Pflanzen. Nur bei einer guten Planung kommen alle Pflanzen wirklich zur Geltung. Hier finden Sie eine Auswahl anspruchsloser Sommerblumen für sonnige Standorte, denn nur wenige sind gut für den Schatten geeignet.

DIE HÜBSCHESTEN SOMMERBLUMEN – *mit wenig Mühe*

Jungfer im Grünen *(Nigella damascena)* – eine Sommerblume für Faule, denn ein Vorziehen ist nicht nötig: Samen ausstreuen und die bizarren Blüten und Samenstände werden alle begeistern. Schnecken lassen die Jungfer im Grünen links liegen.

Löwenmaul *(Antirrhinum majus)* – passt gut in den Gemüsegarten als Beetabschluss, ist sehr robust und „schneckenfest".

Ringelblume *(Calendula officinalis)* – die Faulenzerpflanze schlechthin. Einmal Ringelblumen – immer Ringelblumen. Die Pflanze sät sich selbst aus. Manchmal mag sie fast zu üppig werden, doch öffnet sie erst ihre orangegelben Blüten, ist sie willkommen. Von Schnecken werden meist nur vorgezogene Pflanzen befallen.

Schmuckkörbchen *(Cosmos bipinnatus)* – eine ganz wunderbare Sommerblume, die bloß ausgesät werden muss und viele Wochen für Blütenfülle sorgt. Ab und zu sollte Abgeblühtes entfernt werden, um eine neue Blütenbildung zu fördern. Schnecken sind kein großes Problem.

Sommerazalee *(Godetia Glarkia syn.)* – ein guter Lückenbüßer und sehr einfach zu ziehen. Am besten setzt man Pflänzchen.

Sonnenblume *(Helianthus)* – die Lieblingspflanze vieler Naturgärtner. Bei nährstoffreicher Erde kaum zu bremsen. Aufpassen heißt es auf die Schnecken – sie haben Sonnenblumen zum Fressen gern … Verblühte Blüten im Spätsommer nicht abschneiden: Nahrung für die Vögel!

Strohblume *(Helichrysum)* – eignet sich, wie der Name sagt, zum Trocknen. Die Pflanzen sind nicht die große Attraktion, ausprobieren sollte man sie trotzdem.

Weg-Malve *(Malva sylvestris)* – in naturnahen Gärten ein Muss. Da manche Sorten sich selbst aussäen, können sie zum Problem werden. Aber wer die Pflänzchen gezielt entfernt, hat treue Begleiter über viele Jahre.

Zinnie *(Zinnia)* – eine alte Bauerngartenpflanze, die als Schnittblume im Sommer beliebt ist. Leider nicht nur bei uns, sondern auch bei den Schnecken. Also Vorsicht!

Vorbeugen spart Arbeit!

1 Die richtige Pflanze am richtigen Standort sorgt für gesundes Wachstum. Schatten liebende Pflanzen also niemals in die Sonne, „Sonnenkinder" nie in den Schatten setzen.

2 Regelmäßiges Gießen sorgt für kräftiges Wachstum der Pflanzen, und gut gepflegte Pflanzen werden nicht so leicht von Schädlingen und Krankheiten befallen.

3 Gleichmäßige Nährstoffversorgung (also weder zu viel noch zu wenig Dünger) sorgt ebenfalls für gesundes Wachstum – Langzeitdünger sind besonders bequem.

4 Ein luftiger, lockerer Standort verhindert Pilzkrankheiten.

5 Mischkultur mit anderen Pflanzen kann Pilzkrankheiten verhindern. Lavendel gehört deshalb zu Rosen und Erdbeeren. Knoblauch und Thymian wirken ebenfalls gegen Pilzerkrankungen.

6 Läuseabwehr mit Lockpflanzen: Kapuzinerkresse lockt auch bei Obstbäumen im Kübel die Blutläuse an und verhindert so den Befall der Bäume.

7 Rechtzeitiges Bekämpfen einiger weniger Schädlinge ist die beste Vorbeugung gegen eine Invasion.

8 Regelmäßiges Ausputzen vermindert nicht nur die Gefahr von Pilzkrankheiten. Wenn bei dieser Gelegenheit auch Samenstände entfernt werden, sorgt man dafür, dass die Pflanzen nicht unnötig geschwächt werden.

9 Umweltfreundliche Präparate, die Nützlinge schonen, sind anderen vorzuziehen; eine einmalige Bekämpfung mit einem hochgiftigen Mittel würde nämlich das Ungleichgewicht zwischen Schädlingen und Nützlingen noch größer machen.

10 Das Überwintern bedeutet für alle Kübel- und Balkonpflanzen die größte Belastung.
Aber: Je kühler und heller der Raum ist, desto kräftiger starten die Pflanzen in die nächste Saison.

Ein Garten in luftiger Höhe

Die Pflanzsaison beginnt für fast alle Balkonblumen Anfang bis Mitte Mai. Die Regel, frostempfindliche Pflanzen nicht vor den Eisheiligen zu setzen, gilt als Richtwert. An manchen Orten kann es aber schon lange davor schöne, warme Tage geben oder aber auch noch danach eine kalte Frostnacht.

Pflanzen Sie alle Blumen genau so tief, wie sie im ursprünglichen Topf waren. Hängende Pflanzen, wie zum Beispiel Hänge-Geranien, sollten an den vorderen Rand des Kistchens gesetzt werden, und zwar ein wenig schräg, so dass die Pflanzen leichter nach unten wachsen können. Das Um- und Einpflanzen bringt für alle Pflanzen einen Schock, daher sollten sie in den ersten Tagen auch besonders sorgfältig gepflegt werden. Nach einem ersten Angießen sollen die fertig bepflanzten Blumenkästen nicht sofort in die pralle Sonne. Ein Plätzchen im Halbschatten ist für zwei, drei Tage ideal. Gegossen wird in dieser Zeit nicht zu viel. Es soll in keinem Fall zu Staunässe, die Wurzelfäule verursacht, kommen.

Pelargonien zählen zu den Faulenzerpflanzen – sie sind besonders robust.

Intelligent und faul durch den Mai

BLUMENWIESE STATT RASEN

Mein Rasen braucht viel Pflege, ich will es bequemer! ***Wie lege ich eine Blumenwiese an?***

Humus abheben
Nährstoffreiche Erde lässt das Gras, nicht jedoch die Blüten wachsen. Daher empfiehlt es sich, die obersten 5 bis 10 cm abzutragen und erst dann den Boden umzugraben.

Sand und Blumensamen
Quarzsand ist das einfachste „Abmagerungsmittel" für den Boden. Wer gleich die Blumensaat (ganz wenig Gräser) mit einstreut, spart Arbeit.

Gießen
Wasser benötigt die Blumenwiese nur in den Geburtsstunden. Nach dem Keimen der Saat lieben viele Wiesenkräuter ein eher karges Dasein.

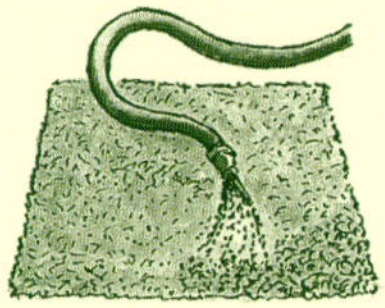

Fertige Blumenwiese
Zwei- bis dreimal pro Jahr wird gemäht. Wichtig: Schnittgut auf der Wiese abtrocknen lassen, da dann die Samen der einjährigen Blumen ausfallen; anschließend entfernen, um Nährstoffeintrag zu vermeiden.

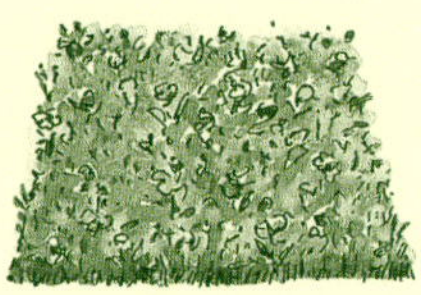

MULCHEN – DIE UNKRAUTBREMSE

Gut: Mulchen ist immer gut!

Besser: Am richtigen Platz richtig mulchen!
Rasenschnitt kommt in den Blumen- und Gemüsegarten, Rinden- und Holzhäcksel unter Bäume und Sträucher, Kies verwendet man in Steingärten.

WASSERSPEICHER IM TOPFGARTEN

„Scherben bringen Glück"... auf trockenen Balkonen und Terrassen!

Wie trocknen Blumenkästen langsamer aus?

Mischen Sie Blumentopfscherben unter die Erde. Ton speichert Wasser und gibt es bei Trockenheit wieder der Erde zurück.

Karl Ploberger legt mit Tochter Karoline vor laufender Kamera ein kleines Gemüsebeet an.

GARTENSPASS FÜR KINDER

Jedes Kind sollte ein eigenes Beet haben, egal ob mit Blumen oder Gemüse gestaltet. Sonnige Lage und gute, fruchtbare Erde sind die Voraussetzungen.

Welche Pflanzen eignen sich für ganz kleine Gärtner?

Kinder haben keine Geduld, lange auf das Ergebnis zu warten. Es muss schnell gehen! Radieschen zählen zu den Einsteigerpflanzen, sie wachsen besonders schnell. Noch schneller wächst Kresse, mit ihr können vorgezeichnete Motive „ausgemalt" werden. Alles wird im Nu grün!

SCHUTZ VOR SPÄTFRÖSTEN

Zuerst herrlicher Sonnenschein und milde Temperaturen und dann Kälte und sogar noch Frost. Da müssten alle frostempfindlichen Balkonblumen in Sicherheit gebracht werden. Diese Mühe spart sich der Faulenzergärtner: Gartenvlies ist als Schutz für Balkonpflanzen in den ersten Tagen besonders hilfreich. Es mildert in der Nacht die Kälte und schützt tagsüber vor zu viel Sonnenschein.

SAURE MILCH AUF DEN KOMPOST

Gut ist Komposstarter, der die Verrottung beschleunigt.

Besser, billiger und noch wirksamer kann sauer gewordene Milch sein. Sie wird dann nicht weggeleert, sondern ist willkommenes Futter für Milchsäurebakterien, die bei der Kompostherstellung an vorderster Front stehen.

RICHTIG DÜNGEN

Ein Langzeitdünger, in die Pflanzerde gemischt, erspart in den ersten Wochen viel Mühe. Als organischer Dünger sind Hornspäne geeignet.

Kein Sommer ohne bunten Phlox

Der Phlox oder die Flammenblume, wie sie auf Deutsch heißt, gehört zu den ältesten Pflanzen in unseren Gärten. Gerade das ist wahrscheinlich der Grund dafür, dass diese angenehm duftenden Blüten des Sommers jetzt wieder so populär geworden sind.

Einer, der sich viele Jahre mit der Zucht von Phlox beschäftigte, war der Potsdamer Staudenzüchter Karl Foerster. Er war nicht nur ein begnadeter Gärtner, sondern schrieb in der ersten Hälfte des letzten Jahrhunderts auch zahlreiche Bücher. Darin ist über den Phlox zu lesen:

Der typische Stauden-Phlox (*Phlox paniculata*) war ursprünglich im Osten Amerikas heimisch. Dort wuchs er in eher feuchtem Boden in einer Gegend mit hoher Luftfeuchtigkeit. Bei uns wird er in die volle Sonne in meist trockenen Boden gepflanzt. Daher bereitet er oft große Probleme: Mehltau, Älchen, Blattflecken und andere Krankheiten mehr ...

Dieser Phlox (Phlox paniculata 'Jana') gedeiht nicht nur in Bauerngärten!

»

Das Leben ohne Phlox ist ein Irrtum. Ihm fehlt ein Kronjuwel. Phlox ist das eigentlich große Farbensiegel des Hochsommerglücks. Ich wüsste kaum, von welcher Pflanze in ihren vollen, monatelangen Entfaltungen so viele Farbsensationen und solche Sättigungen des Auges ausgingen wie vom Phlox! ... Er wird älter als ein Landpfarrer, bedarf allerdings etwas häufigerer Versetzung zur vollen Erhaltung seiner Lebenskraft.

«

Am richtigen Standort eine echte Faulenzerpflanze

In meinem Garten steht Phlox im Halbschatten, an der Westseite des Hauses, in eher feuchtem Boden – seit vielen Jahren blüht er dort unermüdlich. Meist um ein oder zwei Wochen später als in anderen Gärten, dafür aber absolut gesund und pflegearm.

Flammende Blume der Trockenheit

Ein Phlox, der unbedingt vor den Vorhang gehört, ist der Polster-Phlox (*P. subulata*). Ganz im Gegenteil zu anderen Phloxen liebt er die Trockenheit. In einer Steinmauer in Erde, die praktisch nur aus Kies und Sand besteht, bildet er große Polster, die dann im April blühen.

PHLOX IM MOORBEET

Gut: Alte Rhododendren werden zurückgeschnitten.

Besser: *Phlox stolonifera* – der Kriechende Phlox ist die ideale Unterpflanzung eines Rhododendren-Beetes, das in die Jahre gekommen ist. Statt eines kräftigen Rückschnitts des Rhodos wird dieser Phlox darunter gepflanzt. Er liebt den sauren Boden, bildet einen dichten Teppich und blüht mit duftenden Blüten von April bis Juni.

In leuchtenden Farben

Phlox gibt es in beinahe unendlicher Vielfalt. Nicht nur die vielen Sorten – in den Farben Rot, Weiß, Violett und vielen Zwischentönen. Auch die unterschiedlichen Arten lassen das Herz des Pflanzenliebhabers höher schlagen.

Wer beim Phlox die eine oder andere Blüte abzwickt, hat noch viel länger etwas von diesem Sommertraum: Es bilden sich dann Seitentriebe, die wiederum blühen. Im Herbst werden die Triebe abgeschnitten, dann kommt etwas Kompost zu den Wurzelstöcken, und das war's.

Polster-Phlox (Phlox subulata) liebt die Trockenheit.

Die Waldrebe sucht einen Partner

Die *Clematis* oder Waldrebe gehört zu jenen Pflanzen, die nicht gerne alleine stehen: Am Waldrand, dem ursprünglichen Standort dieser Kletterpflanze, sucht sie sich einen „Partner“, an dem sie sich festhalten und emporranken kann, damit Blätter und Blüten einen möglichst sonnigen Platz erreichen. Doch ihren Wurzelbereich versteckt sie gerne hinter Schatten spendenden Sträuchern.

Clematis montana 'Rubens'

Schattiger Fuß

Daher benötigt die *Clematis* auch im Garten oder am Balkon einen sonnigen Platz; die Wurzeln sollten allerdings immer im Schatten liegen. Zum Beispiel hinter einem Buchs, niedrig wachsenden Stauden oder auch bloß hinter ein paar aufgeschichteten Steinen. Bei stark wurzelnden Gehölzen sollte man eine Wurzelsperre einbauen, sonst „verhungert“ die *Clematis*.

Frischer Boden

Der Boden sollte feucht, aber gut durchlässig sein. Staunässe würde für diese Pflanze unweigerlich den Tod bedeuten. Daher die Erde vor dem Pflanzen nicht nur gut lockern, sondern auch mit viel grobem Kompost aufbessern. Bei lehmigem Boden empfiehlt es sich, eine gute Drainageschicht aus Sand und Schotter in das Pflanzloch zu geben.

Rosen und Clematis

Waldreben ähneln in ihren Ansprüchen Rosen, zu denen sie sich auch sehr gut gesellen. Vor allem alte Kletterrosen, die nur einmal im Juni blühen, sind ideale Begleiter jener *Clematis*, die dann von Juli bis September ihre Blütensterne öffnen. Weiße Rosen harmonieren besonders gut mit dem traditionellen Blau der *Clematis*, wunderschön sind aber auch Kombinationen in Rot und Rosa.

Die meisten Pflanzen werden im Topf angeboten und können daher auch jetzt gepflanzt werden. Die Auswahl bei *Clematis* ist sehr groß und eine gute Beratung erspart künftige Enttäuschungen.

Intelligent und faul durch den Juni

Was ist zu tun?

BLUMEN & CO.

- Rosen: Die Blüte beginnt. Verblühtes nur mit etwa „zwei Augen“ abschneiden, damit der Rosenstrauch nicht zu viele Blätter verliert. Rosen düngen.
- Rosenkrankheiten wie Mehltau und Rosenrost treten seltener auf, wenn die richtigen Sorten am passenden Standort gepflanzt wurden. Kranke Blätter sofort ausschneiden und nicht auf den Kompost geben!
- Frisch gepflanzte Rosen lieben es, abends richtig mit Wasser eingeschlämmt zu werden. Nicht auf die Blätter gießen! Eingewachsene Rosen müssen kaum mehr gegossen werden. Durch eine organische Düngung werden die Rosen kräftiger und blühen verstärkt.
- Hecken haben jetzt ihre volle Wachstumsphase und können zum ersten Mal in der Saison geschnitten werden. Warten Sie, falls die Hecke „bewohnt“ ist, mit dem Schneiden, bis alle Vögel flügge sind. Mit Hilfe einer Schnur erzielt man auch bei gebundenen Hecken einen geraden Schnitt. Zögern Sie nicht beim Rückschnitt – kahle Zweige treiben nur nach starkem Rückschnitt wieder aus.
- Der Rasen wird nun je nach Menge des Niederschlags wöchentlich gemäht und ausreichend gegossen. Je besser die Rasenpflege ausfällt, desto stärker und gesünder sind die Graspflanzen, die dann das Unkraut verdrängen. Mit Rasenschnitt lässt sich gut mulchen.
- Rittersporn ist eine remontierende Staude, das heißt, er blüht nach der Hauptblüte im Juni ein zweites Mal im September, allerdings nur, wenn die alten Triebe bis zum Boden entfernt werden.
- Sommerblumen benötigen viel Wasser und Dünger, vor allem in den beliebten Blumenkästen. Abgeblühtes sollte immer entfernt werden, denn so besitzen die Pflanzen mehr Kraft für weitere Blütenbildung. Einjährige kann man den ganzen Sommer nachpflanzen – es ist sogar von Vorteil, gestaffelt zu pflanzen, da so der Blütenflor im Herbst länger anhält.
- Urlaubsvorsorge: Alle Pflanzen, die eine Stütze oder Kletterhilfe benötigen, vor der Abreise noch einmal aufbinden. Den Rasen nicht mehr düngen, das würde das Wachstum anregen. Der nächste Schnitt erfolgt erst wieder nach dem Urlaub.
- Spätestens jetzt sollten viele Zimmer- und alle Kübelpflanzen auf Sommerfrische ins Freie gestellt werden.

GEMÜSE & KRÄUTER

- Bestäubung der Blüten von Melone, Kürbis und Gurke händisch vornehmen – Bienen helfen möglicherweise bei der Bestäubung. Man sollte sich jedoch nicht darauf verlassen.
- Der Boden sollte geharkt und gleich gut gemulcht werden, um die Kapillarwirkung zu unterbrechen, den Boden locker zu halten und Unkrautwuchs zu verhindern.
- Pflanzzeit für Tomaten, Karfiol, Kohlrabi, Brokkoli u.a.

- Zierkürbisse: Junge Pflanzen beim Gärtner erwerben und einsetzen. Bei ausreichender Wärme entwickeln sich die Pflanzen besser.
- Aussäen: Buschbohnen, Erbsen, Fenchel, Radieschen, Rettich, Rote Rüben, Gurken, Kohlrabi, Kopfsalat, Kürbis, Mangold, Stangenbohnen.
- Kräuteraussaat noch möglich: Dill zum Einlegen von Gurken, Kresse, Kerbel, Petersilie.
- Tomaten sollte man regelmäßig ausgeizen und die untersten Blätter entfernen.
- Bohnen, Radieschen, Karotten und Salate ausreichend wässern.

OBST & NASCHGARTEN

- Erntezeit für Erdbeeren und Kirschen.
- Erdbeeren nach der Ernte zurückschneiden.
- Himbeeren benötigen gegen Ende der Blüte eine zweite Düngung.
- Fallobst sofort wegräumen, um Pilzerkrankungen zu verhindern.
- Wassertriebe bei Obstbäumen entfernen.
- Mulchen Sie die Baumscheiben mit anfallendem Grasschnitt, die Feuchtigkeit wird so im Boden besser gespeichert.

PFLANZENSCHUTZ

Ab Juni beginnt die Zeit der Eiablage des Apfelwicklers. Wenn Sie eine Pheromonfalle in einen Ihrer Apfelbäume gehängt haben, wird die Eiablage deutlich verringert. Jetzt können Sie die geschlüpften Larven abfangen. Unmittelbar über dem Erdreich befestigen Sie am Stamm des Baumes eine Wellpappemanschette. (Die Pappe 20 cm hoch in der Mitte knicken, durch die Wellen innen eine Schnur fädeln und so an den Baumstamm binden.) Die Larven nehmen die Wellenröhren als Versteck zum Verpuppen an. Vögel, unsere großen Nützlinge, wissen alsbald Bescheid, wo die Leckerbissen stecken und holen die Puppen oder Larven heraus. In sehr warmen Sommern sollten Sie diesen Vorgang Ende August wiederholen.

Kürbisblüten können sicherheitshalber mit der Hand bestäubt werden.

Intelligent und faul durch den Juni

SOMMERZEIT – ERNTEZEIT

Gut: Sie ernten und genießen!

Besser: Sie sorgen schon jetzt für die nächste Ernte vor!
Die Ernte der Himbeeren ist im Juni meist noch voll im Gang – nach dem Abernten müssen die Triebe sofort bodeneben abgeschnitten werden. Die Erde mit Kompost und Rindenmulch bedecken und gut feucht halten, das verhindert das lästige Rutensterben. (Einmal tragende) Erdbeeren sind längst verspeist. Daher die Blätter jetzt radikal abschneiden, dann mit organischem Dünger und Kompost versorgen.
Abgeerntete Beete, die in diesem Jahr nicht mehr mit Gemüse bepflanzt werden, sollten mit Gründüngung „flott gemacht" werden. Als Gründüngung wird Gelbsenf, Bienenfreund oder auch Ölrettich breitwürfig ausgestreut, leicht eingearbeitet und gegossen. Die Pflanzen abfrieren lassen und die Reste im Frühjahr nur leicht einarbeiten. Das schafft einen guten, humusreichen Boden.

DER RICHTIGE SCHLAUCH SPART ZEIT UND MÜHE

Welcher Schlauch für welchen Garten?

In kleinen Gärten und auf Terrassen haben sich so genannte Flachschläuche bewährt. Sie werden nicht nur wie eine elektrische Kabelrolle aufgerollt, sondern auch gleichzeitig flachgedrückt, so dass der Schlauch kaum Platz einnimmt.

Für große Gärten sind Gummischläuche aus einem dunklen Material zu empfehlen. Sie sind mechanisch belastbar, UV-stabil (können also in der Sonne liegen bleiben) und durch die Farbwahl fallen sie auch nicht so störend auf. Gelbe oder rote Schläuche allerdings werden nicht so rasch zur Stolperfalle. Wenn Sie einen 3/4-Zoll-Schlauch wählen, geht das Gießen noch rascher.

Schlauchwagen sollten besonders stabil gebaut sein. Billigprodukte sind hier die teuersten, denn alle ein, zwei Jahre müssen sie erneuert werden.

Jetzt beginnt die Zeit des Gießens!

BASILIKUM LIEBT WÄRME

Basilikum ergänzt neben Tomaten und Mozzarella den Traum vom Süden. Wie können sich südländische Pflanzen in unseren Breiten wohl fühlen?

Basilikum will es vor allem warm und sonnig. Gut ist also der wärmste Platz, möglichst an der Südseite eines Hauses. An der Hausmauer ist Basilikum auch vor Wind geschützt. Basilikum benötigt viel Wasser – wer vergisst zu gießen, kann sein Basilikum vergessen!

ROSMARIN TROTZ KÄLTE UND FROST

Das Geheimnis dafür ist die richtige Erde. Wer neuen Rosmarin kauft, muss umtopfen. Meist wurde die Pflanze für die Anzucht in Torf oder einem torfhaltigen Substrat gepflanzt. Rosmarin „wünscht" aber Lehm, Kies, Splitt und unbedingt einen sonnigen Platz auf der Terrasse.

Rosenträume – Traumrosen

Wenn sich im Juni die Blüten der Rosen öffnen, beginnt für viele Gartenliebhaber die schönste Zeit. Seit Jahrhunderten wird diese beliebteste und älteste Kulturpflanze in unzähligen Sorten gezüchtet. Ob als Historische Rose, Wildrose, stolze Edelrose, vielblütige Polyantharose, als Zwerg-, Kletter- oder Strauchrose: Rosen gibt es für jede Gelegenheit.

Englische Rosen

Der Trend geht derzeit zu den alten Rosen, mit ihren großen Blüten und dem schweren Duft. Sie haben aber den scheinbaren Nachteil, dass der Blütenreichtum eher gering ist und sie gegen Krankheiten und Schädlinge anfällig sind. Der Engländer David Austin hatte hier vor einigen Jahren eine großartige Idee: Er züchtete Rosen, die eine Kreuzung zwischen den wunderbar duftenden alten Rosen und den robusteren, vor allem aber mehrmals blühenden modernen Edelrosen darstellen. Diese Englischen Rosen halten, was versprochen wird – sie sind robuster und weniger empfindlich.

Richtig gepflanzt ist halb gewonnen!

Rosen werden oft im Spätherbst als so genannte „wurzelnackte" Pflanzen gesetzt. Das ist die bequemste Möglichkeit, denn dann benötigen sie kaum zusätzliche Bewässerung. Rosen können aber selbst in voller Blüte gesetzt werden, brauchen dann allerdings etwas mehr Pflege – vor allem, was das Gießen betrifft.

Rosen benötigen einen sonnigen Standort in luftiger Umgebung. Der Boden sollte tiefgründig sein; schwerem Boden kann etwas Sand beigefügt werden. Kompostierter Rindermist als Humuslieferant gehört ebenfalls ins Pflanzloch und auch Hornspäne als Startdünger für die ersten Monate sollen nicht fehlen. Die Veredelungsstelle kommt bei den Rosen unter die Erde (etwa eine Handbreit). Mit viel Wasser werden die Wurzeln eingeschlemmt.

IDEAL FÜR FAULE: WILDROSEN

Apfel-Rose (Rosa villosa) oder Hunds-Rose (Rosa canina) sind nur zwei der Wildrosen, die keinerlei Pflege benötigen. In Randbereichen des Gartens sorgen sie alljährlich für ein Blütenfeuerwerk. Die Apfel-Rose verströmt dazu noch einen betörenden Duft, die Hagebutten enthalten ungewöhnlich viel Vitamin C!

Krankheiten und Schädlinge

Am häufigsten treten Blattläuse auf. Sie lassen sich mit den Fingern abstreifen oder (an sonnigen Tagen) auch mit dem Schlauch abspritzen. Wer besonders „intelligent und faul" sein will setzt Rosen in Mischkultur mit Lavendel. Sein Geruch vertreibt die Läuse.

Manche Schädlinge verursachen ein Eindrehen der Blätter (Rollwespen). Die befallenen Blätter einfach entfernen – normalerweise ist eine intensivere Bekämpfung nicht nötig.

Regenreiche Sommermonate setzen unseren Rosen meist stark zu: Sternrußtau, Rosenrost, Echter Mehltau. Vorbeugen ist hier am wichtigsten. Daher den richtigen Standort wählen: volle Sonne und trotzdem luftig; keinen Tropfbereich unter Bäumen; ausreichend, aber niemals zu viel düngen.

Nach der Blüte schneiden

Beim Rosenschnitt (nach der Blüte) werden oft große Fehler gemacht. Rosen sind kleine Sträucher und sollten es auch bleiben. Daher keinen zu radikalen Rückschnitt, das würde bloß auf Kosten der Blüten gehen.

Faustregel: Rückschnitt auf das erste vollständige Blatt. „Vollständig" ist ein Blatt dann, wenn es aus 5 Blättchen (Teilblättern) besteht. Der neue Austrieb muss außen liegen. Ins Innere des Rosenbusches sollten Licht und Luft können. Generell kann gesagt werden: Je kräftiger eine Rose wächst, desto weniger wird geschnitten. Schwächer wachsende Rosen werden durch kräftigeren Rückschnitt zu stärkerem Wachstum angeregt. Alte Rosen sollten nicht geschnitten werden – die Hagebutten haben im Spätsommer und Herbst zauberhafte Zierwirkung. Rosen gehen ungeschnitten in den Winter. Nur störende Triebe werden im Herbst eingekürzt, der tatsächliche Rosenschnitt erfolgt dann im Frühjahr.

Duft der Provence – blauer Lavendel

Blühender Lavendel

Ganze Beete schmücken sich Ende Juni mit den meist blauen Blüten. Schon bei der leichtesten Berührung verströmen sie den berühmten „Duft der Provence".

Auf Splitt und Tonscherben

Lavandula angustifolia ist bei uns absolut frosthart, wenn man nur die Standortwünsche dieser Pflanze berücksichtigt: trockene, kiesige, ja sogar steinige Standorte und wenig Wasser. Das Substrat sollte möglichst nur leicht feucht gehalten werden und darf durchaus auch einmal gänzlich austrocknen. Kurzzeitig richtet aber auch stark erhöhte Feuchtigkeit keinen Schaden an. Ideal ist es, wenn man in das größere Pflanzloch Steine, Splitt und Tonscherben füllt. Neu gekaufte Pflanzen werden oft im Topf in einem Torfsubstrat kultiviert, das man weitgehend entfernen sollte, da es einerseits zu nass ist, nach dem Austrocknen jedoch kaum noch Wasser aufnimmt. Auf jeden Fall benötigt Lavendel einen vollsonnigen Standort. Wenig Düngen – wer möchte, kann etwas Algenkalk im Frühjahr ausstreuen, denn Lavendel bevorzugt Kalk.

Starker Rückschnitt

Gleich nach der Blüte sollten die Pflanzen stark zurückgeschnitten werden – ideal ist ein Rückschnitt bis in die letzten grünen Zweige, dann bleibt der kleine Strauch kompakt.

Lavendel und Rosen

Rosen und Lavendel als Partner kennt jeder. Die Wirkungen des Lavendels sind enorm: Werden viele Pflanzen gesetzt, erreicht man damit eine weitgehende Abwehr der Schädlinge. Was die Standortwünsche betrifft, passen Rosen und Lavendel eigentlich nicht zusammen, daher sollte man den Lavendel leicht erhöht setzten und das Pflanzloch mit durchlässigem Material auffüllen. Rosen wollen nämlich lehmigen Boden.

Intelligent und faul durch den Juli

Was ist zu tun?

BLUMEN & CO.

- Gießen Sie besser nicht zu oft, dafür aber durchdringend. Ideal sind 30 Liter pro Quadratmeter. Bei großer Hitze den Rasen nicht zu kurz schneiden.
- Für das kommende Jahr Vergissmeinnicht, Stiefmütterchen und Goldlack aussäen. Saatschalen nicht in die Hitze stellen.
- Ausputzen und Düngen der Balkonpflanzen – am besten mit Bio-Dünger.
- Verblühte Rosen ausschneiden. Schneiden Sie unter dem ersten voll entwickelten Blattpaar, das ist ein Blatt mit 5-Teilblättern.
- Iris werden mit der Zeit oft blühfaul. Hier hilft eine Verjüngungskur durch Teilung. Nach der Blüte werden die Pflanzen ausgegraben, die Rhizome in Teilstücke geschnitten und wieder in den gut vorbereiteten, sandigen Gartenboden gepflanzt.
- Hecken schneiden.
- Bei abgeblühten Stauden Samenansätze abschneiden.

GEMÜSE & KRÄUTER

- Pflanzen von Kohlrabi, Karfiol, Brokkoli und Salaten.
- Aussäen von Endivien, Radicchio, Frühlingszwiebeln, Brokkoli, Buschbohnen, Radieschen, Rettich, Chinakohl. In den heißen Monaten nur in den Abendstunden säen.
- Jetzt ist der ideale Zeitpunkt für die Aussaat von Gründüngung wie Perserklee oder Gelbsenf. Ölrettich ist gut bei verdichteten Böden, da er lange Pfahlwurzeln bildet.
- Bei Tomaten regelmäßig Seitentriebe aus den Blattachseln ausbrechen.
- Gurken unbedingt ausreichend gießen, da sie sonst einen bitteren Geschmack bekommen.
- Ernte von Gurken, Karfiol, Kohlrabi, Brokkoli, Kohl und Bohnen, Erbsen, Fenchel, aber auch Salaten, Karotten, Radieschen, Zucchini und Zwiebeln, je nach dem, wann die Aussaat erfolgte.
- Die meisten Kräuter werden im Juli geerntet.
- Stark zehrendes Gemüse (z.B. Gurken oder Tomaten) sollte fallweise mit Biodünger und Brennnesseljauche gedüngt werden.

OBST & NASCHGARTEN

- Sommerschnitt bei Obstbäumen bringt Licht ins Kroneninnere.
- Ernte von Süß-Kirschen und Weichseln (Sauerkirschen), Frühäpfeln, Marillen (Aprikosen) sowie diversen Beeren. Pfirsiche erntet man besser in mehreren Schritten, da sie nach und nach reifen. Bei Himbeeren sammeln Sie gezielt die großen Früchte, da die unansehnlichen meist wurmig sind.
- Bei starkem Fruchtbehang Äste gut stützen.
- Bei Himbeeren und Brombeeren sollte man die Neutriebe an einem Gerüst befestigen.
- Alle Beerensträucher können nach der Ernte ausgelichtet werden.
- Tritt die Himbeerruten-Krankheit auf, Triebe bodengleich abschneiden.

Die Erntezeit im Gemüsegarten ist voll im Gang.

Sehr bewährt hat sich die im Herbst tragende Himbeersorte 'Autumn Bliss', die krankheitsresistent ist.

- Kiwi: Einkürzen von langen Trieben auf drei bis vier Blätter.

PFLANZENSCHUTZ

Ohrwürmer, die im Baum angesiedelt werden, tragen zur Verminderung des Befalls bei. Hängen Sie einen Tontopf verkehrt herum an einer Schnur so auf, dass der Rand des Topfes den Stamm berührt. In den Topf stopfen Sie Holzwolle oder Heu und schon nach kurzer Zeit wird dieses „Ohrwurmhaus" bewohnt.

Traum vom Süden

Unter Palmen sitzen, den Duft der Blüten von Orangen- und Zitronenbäumen genießen oder schier endlose Oleanderhecken bewundern: Das ist der Traum vom Süden. Viele der typischen maritimen Pflanzen gedeihen im Topf problemlos – und manche sind echte Faulenzerpflanzen.

Sonne und Regenwasser

Das Land, in dem die Zitronen blühen, könnte schon bald bei Ihnen zu Hause sein. Denn Orangen, Zitronen oder Mandarinen lassen sich ganz leicht auf Balkon oder Terrasse ziehen. Viel Sonne, viel Dünger und kalkfreies Wasser (Regenwasser) sind die Zutaten, um zu den Früchten des Südens zu kommen. Wer *Citrus*-Gewächse kauft, sollte darauf achten, dass die Pflanze kräftig grün belaubt ist, möglichst einige kleine Früchte trägt und fest im Topf steht.

Beim Umpflanzen sollten Sie unbedingt spezielle *Citrus*-Erde verwenden. Sie ist kalkfrei und auch gut durchlässig.

1 Kanaren-Dattelpalme (Phoenix canariensis)
2 Oleander (Nerium oleander)
3 Orangen-, Zitronen- bzw. Mandarinenbäumchen (Citrus)
4 Schmucklilie (Agapanthus praecox)
5 Zylinderputzer (Callistemon viminalis 'Captain Cook')
6 Wandelröschen (Lantana camara) – Hochstamm, unterpflanzt mit
7 Duftsteinrich (Lobularia maritima)

Ausreichend Nährstoffe

Aufpassen heißt es mit dem Düngen: Alle *Citrus*-Gewächse sind „Nährstofffresser". Mischen Sie beim Umpflanzen Kompost in die Erde und düngen Sie trotzdem während des Sommers noch mit organischem Flüssigdünger nach.
Da ich nur alle zwei, drei Jahre umpflanze, tausche ich in den Töpfen die oberste Erdschicht gegen frische Erde aus, die ich mit Dauerdünger vermischt habe.

Gedüngt wird allerdings nicht länger als bis Mitte August. Denn ab diesem Zeitpunkt müssen sich die Pflanzen allmählich auf die Winterruhe vorbereiten. Alle frischen Triebe, die dann noch wachsen, sind stark pilzgefährdet und können durch die Fäulnis auch ganze Pflanzen vernichten.

Einwintern

Ins Haus kommen die *Citrus*-Pflanzen schließlich wieder ab Mitte bis Ende September. Der beste Platz ist ein kühler, heller Wintergarten. Die Temperatur sollte auch tagsüber nicht über 20 °C steigen, die Luftfeuchtigkeit nicht zu niedrig sein – trockene Zentralheizungsluft ist schlecht. Gegossen wird im Winter wenig, die Erde kann ruhig antrocknen.

Ab September wird deutlich weniger gegossen, im Winterquartier nur dann, wenn die Erde stark ausgetrocknet ist. Fallen beim Überwintern Früchte oder grüne Blätter ab, dann bedeutet das nicht Durst! Im Gegenteil: Die Wurzeln dieser Pflanze sind so geschädigt, dass sie kein Wasser aufnehmen kann. Also über einen längeren Zeitraum nicht mehr gießen oder sofort umpflanzen und n i c h t angießen!

Die echte Zitrone bringt südliche Stimmung.

NATÜRLICHER GLANZ FÜR BLÄTTER

Palmen, Oleander oder auch Citrus haben oft Kalkflecken auf den Blättern. Bierreste oder Milch verdünnt mit Wasser sorgen für einen glänzenden Auftritt.

Intelligent und faul durch den Juli

GEHEIMTIPP FISCHGRÄT-DÜNGER

Fischgräten müssen nicht entsorgt werden!

Fischgräten können Pflanzen als Dünger dienen. Sie geben in der Erde Stickstoff und Phosphor ab, die Ihre Pflanzen wachsen und blühen lassen.

KONTROLLE VOR DEM URLAUB!

Jede Bewässerungsanlage muss von Zeit zu Zeit kontrolliert werden. Oft verstopfen sich die dünnen Leitungen. Gerade vor einem längeren Urlaub ist dies eine wichtige Arbeit, da es sonst bei der Rückkehr zu „vertrockneten" Überraschungen kommt.

WASSERBAD

Gut: Sie gießen Ihre Pflanzen!

Besser: Kleinere Topf- und Ampelpflanzen auf dem Balkon können am einfachsten durchdringend gewässert werden, indem man sie in einen Eimer Wasser taucht. Und zwar so lange, bis keine Luftblasen mehr aufsteigen. Das spart Zeit, und herkömmliches Gießen würde nichts bringen, da ein ausgetrockneter Erdballen nur sehr schwer Wasser aufnimmt.

RASENERSATZ

Sie möchten keinen Rasen, haben aber eine Fläche zu begrünen, die nicht viel Mühe machen soll?

Für Gartenteile, die nicht stark begangen werden, gibt es Pflanzen, die ein guter und bequemer Rasenersatz sind. *Sedum* eignet sich in all seinen Varianten oder auch die Rasenkamille. Beide bevorzugen allerdings mit Sand und Splitt gelockerten Boden und einen sonnigen Standort.

GEDREHTER KÜRBIS REIFT BESSER

Haben Champagner und Kürbisse etwas gemeinsam?

Beide müssen gedreht werden, um gut zu reifen!
Noch an der Pflanze soll der Kürbis regelmäßig gedreht werden. Nicht zu stark, damit die Pflanze keinen Schaden nimmt, aber eine gleichmäßigere Farbe und Form bekommt. Manchmal beginnen Kürbisse an den Stellen zu faulen, an denen sie am Boden aufliegen. Auch dagegen helfen Drehen und eine Unterlage aus Stroh.

PLATZ ZUM ENTSPANNEN

Gut ist jeder Ort im Garten zum Entspannen.

Besser
sind verschiedene Sitzplätze!

- Der Frühstücksplatz an der Ostseite des Hauses
- Der Sitzplatz für Frühling und Herbst – wir bevorzugen die sonnigen, wärmenden Plätze im Süden.
- Der Sitzplatz im Westen für lange Sommerabende, da lässt sich der Sonnenuntergang genießen.

SOMMERSCHNITT SPART WINTERSCHNITT

Der Rückschnitt von Gehölzen im Sommer bremst das Holzwachstum und bewirkt, dass sich mehr Blütenknospen bilden. Schneiden Sie dagegen Ihre Bäume und Sträucher während der Vegetationsruhe, wird das Holzwachstum angeregt und Sie müssen im Folgejahr noch mehr schneiden. Der ideale Zeitraum für den sommerlichen Rückschnitt liegt zwischen Mitte Juli und Mitte August. Nur Gehölze, die fast keinen Zuwachs mehr haben, sollten Sie durch das Schneiden im Winter anregen.

EIN HOCH DER GIESSBRAUSE

Das Gießen wird wesentlich erleichtert, wenn eine praktische Gießbrause zur Verfügung steht. Ziel ist es, große Mengen Wasser in weichem Strahl an die Pflanzenwurzeln zu bringen. Bei großer Trockenheit oder Schäden kann bei Bäumen auch eine Wurzelbewässerung hilfreich sein.

Richtig gießen: Nicht die Blätter, sondern der Boden muss ausgiebig gewässert werden.

Mediterrane Träume für meinen Garten

Die Urlaubszeit beginnt, und damit die Völkerwanderung in Richtung südlicher Sonne. Dazu Sand und Meer, Palmen, Zitronen und der Duft von Kräutern. Das verbinden wir mit Ferien in Italien, Frankreich, oder wo auch immer am Meer.

Doch auch in unseren Breiten können wir unabhängig vom Wetter südliches Flair verwirklichen und bei der Gestaltung unserer Gärten mediterrane Stimmung verbreiten – selbst ohne die frostempfindlichen Pflanzen der südlichen Hemisphäre als Kübelpflanzen zu kultivieren. Es gibt sie, die südlichen Träume ohne die wiederholte Mühe des Hinaus- und Hineinräumens.

Olive des Nordens

Der Olivenbaum des Nordens könnte entweder ein Sanddorn sein – als Baum geschnitten wirkt dieses Gehölz für viele Besucher in meinem Garten wie ein Olivenbaum. Einzige Vorliebe: Der Boden sollte möglichst schottrig sein. Ähnliche Vorlieben haben auch die Ölweiden, die mit ihrem silbrig glänzenden Laub ebenfalls südliche Stimmung vermitteln. Oder wie wäre es mit einer Weidenblatt-Birne *(Pyrus salicifolia)*? Auch dieser Baum hat schon manchen Gartenfreund getäuscht.

Duftende kleine Zitrusfrüchte

Etwas problematischer ist es, einen ausgepflanzten, winterharten *Citrus* im Garten zu haben. Doch es gibt sie, die weit gehend winterharten Bitterorangen. Sie wachsen bei uns (langsam), frieren kaum zurück, werden aber von Jahr zu Jahr größer, blühen mit großen Blüten und bilden auch typische Zitrusfrüchte – leider bitter, wie der Name schon sagt. An einer geschützten Stelle erweisen sich diese Gehölze als sehr robust. Aufpassen heißt es nur auf die gewaltigen Stacheln, die Kindern gefährlich werden können.

Mediterrane Kräuter

Bleiben noch mediterrane Kräuter wie Lavendel, Thymian, Salbei, Oregano oder Currykraut. In einem Kiesbeet mit viel Sand, Splitt und geringem Humusanteil fühlen sich diese Pflanzen wohl; wachsen langsam, aber robust und überstehen jeden Winter. Gehen sie zugrunde, liegt dies zumeist nicht daran, dass sie erfrieren, sondern an Staunässe. Durchlässiger Boden macht sie jedoch zu Begleitern für viele südliche Sommerträume in unseren Breiten.

Südliches Flair verbreitet auch die genügsame und trockenheitsliebende Dachwurz. In ihren vielen Varianten schmückt sie Steinmauern und Kiesstreifen, wächst anspruchslos ohne viel Humus, und das jahrelang.

Kommen in einem solchen Garten noch die passenden Gestaltungselemente wie Steinmauern, Schotterflächen und Sitzplätze unter Weinlauben dazu, ist der südliche Traum perfekt – wer stürzt sich da noch ins Verkehrsgewühl?

… Wenn da nicht das Problem der manchmal unzuverlässigen Sonne wäre …

Intelligent und faul durch den **August**

Was ist zu tun?

BLUMEN & CO.

- Bei großer Hitze niemals tagsüber, sondern in den Morgen- oder Abendstunden gießen.
- Das Rosenbeet ab Mitte August nicht mehr düngen. Die Triebe sollen ausreifen, um frostfest in den Winter zu gehen.
- Bei Rosen Verblühtes schneiden. Kletter- und Strauchrosen bleiben aber weitgehend verschont.
- Balkonblumen verlangen an heißen Tagen bis zu zwei Wassergaben täglich. Regelmäßiges Düngen hilft, den Blütenflor bis spät in den Herbst zu verlängern.
- Bei Kübelpflanzen, die überwintert werden, ab 15. August das Düngen einstellen, damit die Triebe abschließen und ausgereift in den Winter gehen.
- Im Staudenbeet alle hoch wachsenden Pflanzen wie Dahlien aufbinden. Verblühte Stauden ausschneiden und Staudenmohn, Akeleien und Lupinen zurückschneiden.
- Sonnenblumen abschneiden und Samen trocknen lassen.
- Der Rasen dankt eine letzte ausgiebige Pflege. Entfilzen (Vertikutieren) und Belüften des leicht feuchten Bodens sind das Geheimnis.
- Viele Zimmerpflanzen sind jetzt auf „Sommerkur“ im Freien. Beachten Sie aber immer: Pralle Sonne ist für die Blätter dieser Pflanzen nicht zumutbar. Hitzeschäden sind nicht mehr zu beseitigen!

GEMÜSE & KRÄUTER

- Aussäen von Spinat, Zwiebeln, Radieschen, Rettich, Radicchio, Feldsalat und Chinakohl ist noch möglich.
- Für Aussaaten nur die Morgenstunden nützen. Niemals die auflaufende Saat austrocknen lassen.
- Abgeerntete Beete lockern, mit Kompost versorgen und Gründüngungspflanzen aussäen. Gelbsenf, Ölrettich (bei schweren Böden) und Bienenfreund keimen rasch und bleiben bis zum Frühjahr stehen. Die abgefrorenen Pflanzenteile werden dann gleich als Mulch verwendet und liegen gelassen.
- Pflanzen von Porree, Winterkopfsalat und Knoblauch.
- Tomaten weiterhin laufend ausgeizen und die untersten Blätter bzw. kranke Pflanzenteile entfernen. Kommt der große Regen, tritt an Tomaten Krautfäule auf. Befallene Pflanzenteile entfernen und den Stauden ein „Dach“ aus Folie geben. Stäuben mit Urgesteinsmehl hält diese gefürchtete Krankheit etwas zurück.
- Wiederholt alle Pflanzen auf Blattlausbefall kontrollieren und nützlingsschonend bekämpfen (z. B. mit Schmierseifenwasser). Schnecken am besten absammeln.
- Buschbohnen, Fenchel, Kohl und Lauch anhäufeln.
- Wenn man die Sellerieknollen freilegt, wachsen sie besser. Die Wurzeln dürfen dabei nicht beschädigt werden.
- Karotten (Möhren), die von der Möhrenfliege befallen wurden, nicht auf den Kompost geben.
- Ernte fast aller Gemüsearten.
- Alle Kräuter, die sich zum Trocknen eignen, an sonnigen Tagen in den heißen Vormittagsstunden ernten.

Erdbeeren werden im August gepflanzt.

OBST & NASCHGARTEN

- Jetzt ist die beste Pflanzzeit für Erdbeeren. Wer bestehende Pflanzungen noch nicht gedüngt und das alte Laub entfernt hat: Dafür ist es nun höchste Zeit.
- Ernte von Pfirsichen, Zwetschken, Pflaumen, Frühbirnen und frühen Äpfeln. Auch die Brombeeren sind jetzt reif.
- Nach der Ernte können alle Kernobstarten ausgelichtet werden.
- Wenn nicht schon im Vormonat geschehen, werden auch die Beerensträucher nach der Ernte geschnitten. Bei Johannisbeeren und Stachelbeeren werden zwei oder drei alte Triebe entfernt, damit sich der Strauch verjüngt.
- Besonders wuchskräftige Sorten können jetzt noch geschnitten werden. Das bremst das Wachstum und fördert das Abheilen der Schnittwunden. Besonders große Nussbäume können auch jetzt geschnitten werden. Ein Schnitt im Winter führt nämlich meist zum „Verbluten", weil die Schnittstellen nicht abheilen.
- Lagerräume rechtzeitig herrichten und gründlich säubern.
Obst und Gemüse möglichst nicht gemeinsam lagern.

PFLANZENSCHUTZ

- Abgefallene Rosenblätter, die mit Sternrußtau und Rosenrost (zwei lästige Pilzkrankheiten) infiziert sind, sollten unbedingt entfernt werden.
- Anfang August, manchmal auch schon Ende Juli, schlüpfen die Larven des gefürchteten Dickmaulrüsslers. Diese Larven können an den Wurzeln von Rhododendren, Azaleen, Ziersträuchern, Johannisbeeren und auch Erdbeeren große Fraßschäden verursachen. Als beste und bequemste Bekämpfungsmöglichkeit können die im Handel erhältlichen Nematoden eingesetzt werden. Diese für Mensch und Haustier ungefährlichen Fadenwürmer sind die natürlichen Feinde der Larven und können im Herbst und im Frühjahr in das Erdreich eingebracht werden.

Zeit zum Genießen

Noch Schwitzen wir gewaltig und das Gießen gehört zur Hauptbeschäftigung. Aber so Petrus will wird uns das etwas kühlere Wetter bald begleiten. Dann macht das „Garteln" wieder ungetrübte Freude.

Der Garten nach der Hitze

Der Rasen ist braun, die Bäume verlieren bereits die Blätter und die Gemüsebeete leeren sich. Die Hitze hat dem Garten ganz schön zugesetzt. Auch wenn es noch so dramatisch aussieht – die Natur heilt solche „Hitzeschäden" innerhalb weniger Wochen. Daher muss der „intelligente Faulenzer-Gärtner" nur ein wenig Geduld aufbringen und kann die Sommertage so richtig genießen.

Sommerzeit, Ferienzeit, Gartenzeit. Das Leben spielt sich in den kommenden Urlaubstagen wieder mehr im Freien als in der Wohnung ab, die schönste Zeit im Grünen ist gekommen. Deshalb erfolgt der Aufruf zum „Genießen im Garten".

Dunkelblauer Himmel, ein leichtes Lüfterl. Der Duft von Rosen, Wicken und Duftpelargonien. Ein bequemer Liegestuhl und vielleicht leise Musik. Ein paar schöne Bücher, Gartenbücher natürlich – das sind die Zutaten für den schönsten und billigsten Urlaub: den Urlaub im grünen Wohnzimmer, im Garten.

Urlaub im Garten

Lässt man ihn wahr werden, wird es ein Traumurlaub: Nicht der Löwenzahn zwischen den Wegplatten stört, nicht die sonst so lästige Acker-Winde im Rosenbeet und auch nicht das Unkraut – oder besser gesagt das Wildkraut – am Kiesweg. Nichts macht mich heute wild aufs Garteln: Jetzt ist Urlaubszeit – auch im Garten.

Nur noch die wichtigsten Arbeiten wie das Gießen werden erledigt.

Freilich auch mit Freude: Denn eine kühle Dusche zwischendurch lässt auch beim urlaubenden Hobby-Gärtner die Lebensgeister erwachen.

»*Was? Die Hecke gehört geschnitten? Nein - ich bin auf Urlaub in meinem Garten.*«

Der Rasen muss gemäht werden? Heute nicht, morgen. Vielleicht. Denn ich bin auf Urlaub. Nicht das Brummen des Rasenmähers habe ich für diesen Urlaub im Grünen gebucht, sondern den Gesang der Vögel, der Grillen und vielleicht noch den des Rasensprengers – denn da lässt es sich schön zuschauen.

Sitzen im Schatten eines Baumes. Einen erfrischend kühlen Fruchtsalat genießen, vielleicht einen schmackhaften Eistee. Die Küche bleibt

geschlossen: Heute wird gegrillt. Dazu kommt die Rohkost aus dem Garten. Als wären wir im Schlaraffenland, wo uns die Tomaten in den Mund wachsen.

»*Genießen im Garten – versuchen Sie es!*«

Lassen Sie das Garteln sein und versuchen Sie, zwei, drei Tage oder gar eine Woche lang am schönsten Fleck der Erde zu urlauben – im eigenen Garten!

Intelligent und faul durch den August

GIESS-TIPPS

Gut ist es zu gießen!

Besser sind „Perlschläuche", sie arbeiten wie kaputte Gartenschläuche mit vielen Löchern. Diese porösen Schläuche werden aus alten Autoreifen hergestellt und sind besonders robust. Sie werden direkt auf den Beeten (zum Beispiel unter den Stauden) verlegt oder auch einige Zentimeter im Mulch vergraben. Von Zeit zu Zeit werden die Schläuche für mehrere Stunden (zum Beispiel über Nacht) eingeschaltet – am besten mit einer Zeitschaltuhr. Das Wasser tropft zu den Wurzeln. Der Verbrauch im Vergleich zum Gießen ist nur etwa ein Zehntel.

MULCHEN MIT RASENSCHNITT

Rasenschnitt ist der billigste Stoff zum Erde Bedecken. Mulchen verhindert zu starkes Austrocknen. Verwenden Sie den Rasenschnitt direkt aus dem Rasenfangkorb, streuen Sie ihn aber nicht zu dick, so dass es nicht zu Fäulnis kommt.

WASSERSPEICHER IN BLUMENKÄSTEN

Leicht in der Handhabung sind Blumenkästen, bei denen ein Wasserspeicher für einige Tage einen Vorrat an kühlem Nass für die Pflanzen bereithält. Aufpassen heißt es bei solchen Kästen allerdings an regenreichen Tagen. Empfindliche Pflanzen könnten Wurzelschäden erleiden.

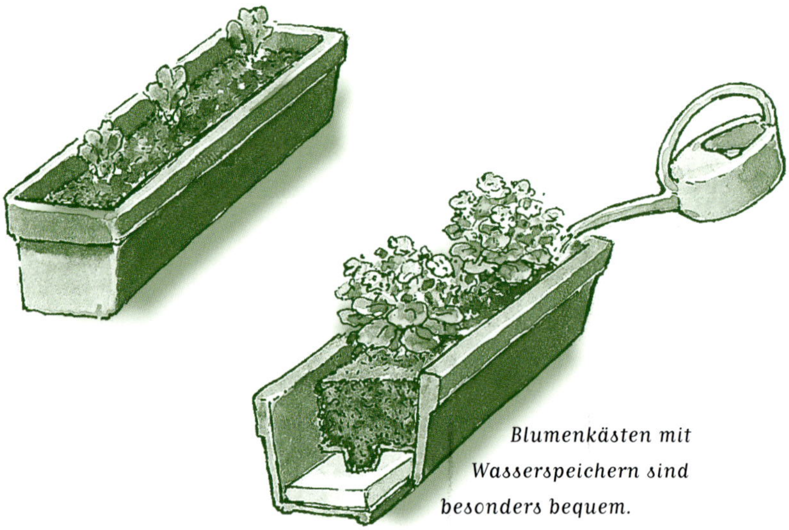

Blumenkästen mit Wasserspeichern sind besonders bequem.

BEQUEMER FELD- UND PFLÜCKSALAT

Viele Beete sind schon abgeerntet. Gibt es Gemüse, das jetzt noch schnell gedeiht?

Der „Vogerlsalat“ (Feldsalat) ist eine ideale Herbstbepflanzung. Auf die Sorte achten: 'Vit', 'Marathon', 'Jade' oder 'Gala' vertragen Hitze und wachsen nicht aus. Rasche Ernte gibt es auch bei den schnellwüchsigen Schnitt- und Pflücksalaten: 'Grand Rapids Salli' und der exotisch aussehende 'Lollo' mit den spitzen, fein gezähnten Blättern, der von Schnecken meist gemieden wird.

ERDBEEREN PFLANZEN

Gut: Bei alten Erdbeeren die (kranken) Blätter abschneiden und die Pflanzen mit Kompost versorgen.

Besser: Jetzt ist die ideale Zeit, neue Erdbeerbeete anzulegen. Der Boden sollte tiefgründig gelockert und mit Kompost versorgt werden. Längstens alle drei Jahre sollten die Pflanzen ausgetauscht werden.

BEI HIMBEEREN BEIKRAUT NICHT JÄTEN!

Alle alten Ruten, die heuer getragen haben, bodeneben abschneiden. Niemals im Umkreis der Pflanzen den Boden jäten, denn durch die verletzten Wurzeln kommt es zur Infektion. So würde die gefürchtete Rutenkrankheit ausgelöst. Mulchmaterial ist der bessere Weg, das Unkraut zu unterdrücken und gleichzeitig die erforderliche Bodenfeuchte zu erhalten.

EINE HITZIGE FAULENZERPFLANZE – DIE HAUSWURZ

Sie suchen eine hitzebeständige Pflanze für karge Böden?

Bitte sehr! Schon der Name sagt alles: *Sempervivum* – wörtlich übersetzt „Immerlebend“. Im Garten fühlen sich Dickblattgewächse dort am wohlsten, wo sonst in der Hitze des Sommers nichts mehr wächst: Ob im kargen Steingarten, in einer Trockenmauer oder gar auf dem Dach – hier bilden sich trotz Trockenheit und sengender Sonnenstrahlen die kleinen Rosetten, die dann plötzlich bezaubernde Blütenschäfte bilden.
Die Vorlieben zeigen schon, wie die Erde beschaffen sein sollte: Sandig, kiesig, auf jeden Fall nicht staunass. Mischen Sie daher unter die normale Gartenerde viel Sand und Ziegelsplitt, bedecken Sie nach dem Pflanzen die Erde mit Granitgrus, damit die Oberfläche rasch abtrocknet und es nicht zu Fäulnis kommt.

Die Hauswurz ist eine Sonnenanbeterin und bildet bezaubernde Rosetten.

Die schönsten Schattenseiten

Wenn die Sonne unbarmherzig vom Himmel brennt und kein Wölkchen zu sehen ist, haben die „Schattenseiten“ des Gartens Hochsaison. Farne, Funkien, Storchschnäbel, Astilben und heimische Alpenveilchen. Diese Pflanzen zaubern dann Schattenseiten schön.

Problemzone Schatten?

Schattige Stellen im Garten oder auf Balkon und Terrasse gehören für viele Gartenbesitzer zu den Problemzonen. Vor allem deshalb, weil oft Pflanzen gesetzt werden, die sonnige Plätze lieben. Sie beginnen dann zu kümmern oder werden von Schädlingen und Krankheiten heimgesucht. Dabei gibt es eine enorme Auswahl an Pflanzen, die sich gerade in den kaum mit Sonne verwöhnten Bereichen wohl fühlen.

Ausreichend Feuchtigkeit!

Der Boden sollte humusreich und gleichmäßig feucht sein. Unter großen Bäumen und dichten Sträuchern heißt es daher zu Beginn regelmäßig gießen oder – noch besser – eine automatische Bewässerung in Form eines Perlschlauchs installieren. Diese frostfesten, porösen Schläuche werden gleich beim Anlegen eines solchen Schattenbeetes in der Erde vergraben und von Zeit zu Zeit für mehrere Stunden eingeschaltet. Damit ist für ausreichende Feuchtigkeit gesorgt. Nicht zu vergessen ist eine Mulchschicht aus Rasenschnitt, Rindenhumus (kompostierter Rinde) oder halbreifem Kompost.

Pflanzen im Garten ohne Sonne

Hier sind all jene Pflanzen „daheim“, die besonders robust sind, zum Beispiel der Frauenmantel (*Alchemilla*). Die duftigen, gelbgrünen Blüten bringen Leben in das sonnenferne Grün.

Für Farbe sorgen vielerlei Storchschnäbel (*Geranium*), ebenso der Günsel (*Ajuga*) und die Waldsteinie (*Waldsteinia*). Blickfänge sind im lichteren Schatten im Mai und Juni Rhododendren und Azaleen, später Funkien (*Hosta*), bei denen vor allem die Blätter eindrucksvolle Wirkung zeigen: Ob grün-weiß gerändert oder in saftigem Blaugrün, vom Frühjahr bis zum Herbst sorgen sie für eine malerische Kulisse.

Der blau blühende Eisenhut, auch der Fingerhut (beide allerdings stark

KEINE ARBEIT!

Der Boden im schattigen Teil eines Gartens ist meist leichter mit Humus zu versorgen als andere Regionen. Blätter und herabgefallene Äste können unter Bäumen und Sträuchern liegen bleiben und bilden schon nach wenigen Monaten wie in einem Wald eine Mulchdecke, die das Bodenleben fördert.

Im Schatten gedeihen Frauenmantel (Alchemilla) und Storchschnäbel (Geranium), die „Licht ins Dunkel“ bringen.

giftig und im kindgerechten Garten zu vermeiden) oder die große Palette an Farnen gehören in den schattigen Gartenbereich.

Als Bodendecker eignen sich Efeu, Taubnesseln und Lungenkraut. Meine Lieblinge im Schatten sind *Astilben* – die Prachtspieren – und die heimischen Zyklamen oder Alpenveilchen (*Cyclamen purpurascens* oder mit altem Namen *Cyclamen europaeum*).

Intelligent und faul durch den

September

Was ist zu tun?

BLUMEN & CO.

- Zwiebeln von Tulpen, Narzissen und anderen Frühjahrsblühern kommen jetzt in die Erde. Vor allem Narzissen sollten früh gepflanzt werden, damit sie noch viele Wurzeln bilden können.
- Wenn der Sommerflor besonders schön ist, warten Sie noch zu. Tulpen können bis in den November hinein gepflanzt werden.
- Am Balkon die mehrjährigen Balkonblumen nicht mehr düngen, sie sollen nicht mit zu viel „Schwung“ ins Winterquartier.
- Empfindliche Kübelpflanzen räumt man lieber früher als zu spät ins Winterquartier.
- Umpflanzen von immergrünen Gehölzen, damit sie nach der Wurzelbildung noch ausreichend Wasser aufnehmen können.
- Dahlien sollten mit Vlies vor den ersten Frösten geschützt werden. Oft gibt es nach einem ersten Frost noch viele schöne Herbsttage. Blüten für die Vase abschneiden!
- Zimmerpflanzen, die auf „Sommerfrische“ im Garten waren, nun wieder einräumen. Auf Schädlinge achten.
- Von Zeit zu Zeit das Laub vom Gartenteich abfischen oder Laubschutznetze spannen.
- Gegen Ende des Monats beginnt das Teilen von Stauden wie Astilben, Pfingstrosen, Tränendes Herz.

GEMÜSE & KRÄUTER

- Empfindliche Fruchtgemüse in kalten (Vollmond-)Nächten mit einem Vlies schützen. In manchen Regionen beginnen schon jetzt die Einwinterungsarbeiten.
- Die Zeit für Aussaaten ist vorüber. Nur in warmen und sonnigen Jahren lassen sich noch Radieschen, Vogerlsalat (Feldsalat), Spinat oder Kresse aussäen.
- Rhabarber und Schnittlauch können jetzt gepflanzt werden.
- Immer am Vormittag nach dem Abtrocknen des Morgentaus ernten.
- Noch immer besteht die Möglichkeit Gründüngungspflanzen auszusäen.
- Bei Tomaten die obersten Blüten abzwicken, die Früchte reifen mit Sicherheit nicht mehr aus.
- Auch ein Mulchen der abgeernteten Flächen tut dem Boden gut. Gemulchte Flächen alle paar Tage auf Schneckeneier kontrollieren – so kann man die Belastung deutlich reduzieren.
- Je nachdem, ob im nächsten Jahr stark zehrendes Gemüse angebaut wird oder nicht, könnte man schon jetzt auf den Beeten Kompost aufstreuen.

OBST & NASCHGARTEN

- Apfelernte: Wenn sich der Apfel mit einem Dreh vom Trieb löst, ist der richtige Zeitpunkt. Äpfel mit Druckstellen essen Sie lieber rasch oder verarbeiten Sie, denn bei der Lagerung halten nur die unbeschädigten Exemplare. Wintersorten nicht zu früh ernten.

- Fallobst auflesen, da sonst Krankheiten (z. B. Monilia) vertragen werden.
- Holunderbeeren eignen sich zur Verarbeitung, wenn sie richtig ausgereift sind. Bei der Sorte 'Haschberg' reifen übrigens alle Beeren zur gleichen Zeit.
- Haselnüsse kann man ernten, wenn sie sich aus den Fruchthüllen lösen lassen.
- Pflanzen von Haselnuss- und Beerensträuchern.
- Brombeeren schneiden.
- Leimringe gegen Frostspannerweibchen um die Stämme anbringen.

Die Apfelernte hat begonnen.

PFLANZENSCHUTZ

Der September ist die Zeit, in der die gefürchtete und oft gehasste große Braune Wegschnecke ihre Eier legt. Sie ist eine der ersten und wenn die Witterung passt, schlüpfen noch im Spätherbst die jungen Schnecken. Schnecken legen ihre Gelege in Erdlöcher und Ritzen, unter morsches Holz und Laubdecken.

Halten Sie Ihren Gartenboden locker bzw. trachten Sie danach, schweren Boden zu lockern, um solche Ablagestellen zu verhindern. Bodenbearbeitung ist also eine wichtige Maßnahme, um Schnecken zu vermindern. Sammeln Sie so viele Schnecken wie möglich vor der Eiablage ab, zerstören Sie jedes sichtbare Eigelege.

Das Jahr über können Schnecken von empfindlichen Kulturen mit grob gehäckseltem Schilf und Holzhäcksel, die in dichten Reihen rund um die Beete gelegt werden, abgehalten werden. Grobe und stechende Materialien meidet die Schnecke.

Zwiebelblumen für den Frühling

Monate bevor der Frühling beginnt, muss der Gärtner die Vorbereitungen fürs üppige Blühen treffen. Zum Beispiel mit Tulpen, Narzissen, Krokussen, Hyazinthen – sie alle gehören in den nächsten Wochen in die Erde.

Blumenzwiebeln im Rasen

Versuchen Sie doch, die Blumenzwiebeln im Rasen einzugraben. Vor allem Narzissen, Krokusse und, nicht zu vergessen, Schneeglöckchen wirken dort besonders natürlich und verwildern allmählich.

Das Pflanzen ist ganz einfach: Mit einem Spaten einen Rasenziegel ausstechen, die darunter befindliche Erde lockern, mit etwas Kompost und Langzeitdünger in Form von Hornspänen mischen und die Zwiebeln pflanzen. Anschließend wird der Rasenziegel wieder darüber gelegt und festgetreten. Schon nach wenigen Tagen ist die Pflanzstelle nicht mehr zu erkennen.

Erst im kommenden Frühjahr erscheinen dann die Blütennester. Beim Verteilen der Zwiebeln darauf achten, dass ein möglichst unregelmäßiges Muster entsteht. Nur so wird sich ein natürlicher Eindruck ergeben.

Frühlingsgruß unter Sträuchern

Besonders hübsch sind solche Blütenteppiche unter Hecken oder Bäumen. Dort hat man später auch keine Probleme mit dem Rasenmähen. Die Zwiebeln werden nur dann jedes Jahr wieder blühen, wenn sie Zeit haben einzuziehen. Abgemäht werden darf also erst, wenn alle Blätter gelb geworden sind.

In Gärten mit Wühlmausplage sollte man auf Tulpen und Hyazinthen verzichten. Narzissen dagegen werden von den lästigen Schädlingen gemieden.

Und noch ein Vorschlag: Wer eine wirklich üppige Narzissenblüte erreichen will, sollte nicht sparen.

Einige hundert Zwiebeln sind – unter Bäumen und Hecken gepflanzt – eine Attraktion und eine Investition für viele, viele Jahre. Beste Sorte dafür: 'Golden Harvest' – die Narzisse mit den strahlend gelben Blüten.
Einige hundert Zwiebeln zu pflanzen wäre allerdings eine „Monsterarbeit". Daher streuen Sie die Zwiebeln unter Bäume und geben anschließend eine Schicht Erde (gut abgelagerten Kompost) und etwas Rindenmulch darüber. So sind die Narzissen rasch gepflanzt und sehen prächtig aus.

Kombinationen im Blumenbeet

In Blumenbeeten sollten Zwiebelgewächse immer mit Vergissmeinnicht, Gänseblümchen, Hornveilchen oder auch Goldlack unterpflanzt werden. So bleiben die Beete für mehrere Wochen eine Attraktion – auch nach dem Abblühen der Zwiebelblumen.

Wer etwas Besonderes sucht, sollte in Fachgeschäften einkaufen: Bei Narzissen beispielsweise gibt es mehrere tausend Sorten und Arten. Manche Narzissen sind nicht größer als eine Zündholzschachtel, verbreiten aber einen betörenden Duft.

Intelligent und faul durch den September

KOMPOSTREIFE BESCHLEUNIGEN

Wie kann der Reifeprozess gefördert werden?

Damit der Abfall rasch verrottet, müssen nicht nur die Regenwürmer ihre Arbeit tun. Ein Komposthaufen soll wie das Blumenbeet gegossen werden. Zu viel Wasser darf es aber auch nicht sein, sonst setzt statt der gewünschten Verrottung ein Fäulnisprozess ein.
Geben Sie Rasenschnitt wie ein Strohdach auf den Haufen, dann kann überschüssiges Wasser abfließen.

IDEALER FAULENZER-KÜRBIS

Gut: der Anbau von Kürbissen am Komposthaufen.

Besser: Im Garten gedeihen alle Sorten gleich gut. Ob ein Kürbis „bequem" oder „aufwändig" ist, zeigt sich erst in der Küche. Richtig anstrengend sind hier 'Hubbards', aber auch 'Türkenturban', weil sie sich so schwer schälen und schneiden lassen. Kinderleicht hingegen sind 'Butternut', 'Trombolino' oder 'Langer aus Nizza'. Die glatte Schale mit dem Spargel- oder Kartoffelschäler einfach entfernen und den winzigen Kernbereich herauskratzen.

STROH GEGEN ALGEN

Was tun gegen Algen?

Füllen Sie Gerstenstroh in einen Kunststoffsack und stechen Sie einige Löcher in die Folie. Legen Sie den Sack ins Teichwasser und beschweren Sie ihn mit Steinen. Beim Zersetzen von Stroh benötigen die Bakterien Stickstoff, den sie sich aus dem Wasser holen. Dadurch wird das Algenwachstum gebremst.
Wichtig: Vor dem Winter müssen Sie den Strohsack wieder entfernen, sonst kommt es im nächsten Jahr zum gegenteiligen Effekt.

JETZT SCHON VORBEREITEN!

Baumgruben für die bevorstehende Pflanzung (in etwa 4 Wochen) vorbereiten:
1 m² wird 0,5 m tief ausgehoben, der Baumpfahl eingeschlagen und der Erdaushub mit reichlich reifem Kompost vermischt. Anschließend füllt man die Grube wieder an.

GRÜNE WAND

Zerstört Efeu die Mauer?

Efeu ist ein ganz besonderes Gewächs. Nicht nur die Vielfalt ist enorm, sondern auch die Wuchsform: Im Gegensatz zu den meisten anderen Pflanzen suchen die Triebe die Dunkelheit und schmiegen sich an brüchigen Mauern in die Ritzen. Zerstört wird eine Mauer vom Efeu nicht – es sei denn, sie ist schon kaputt und feucht; dann bildet er Wurzeln.

LANG ANHALTENDE BLÜTENPRACHT

Viele der im Herbst dekorativ aussehenden Gewächse sind über Wochen schön, wenn die Erde feucht gehalten wird. Die meisten Pflanzen erfrieren nicht, sondern vertrocknen im Winter.

Herbstblumen auf Balkon und Terrasse

Die Zeit der bunten Balkonkästen geht rascher zu Ende, als uns lieb ist. Wer zuletzt nicht kräftig gedüngt hat, blickt auf fahlgelbe Blätter von Balkonblumen, die nur noch ab und zu einige Blüten tragen. Mit wenig Aufwand lässt sich aber noch Farbe für viele Wochen auf den Balkon zaubern …

Klar, man wird nicht alle Kästen neu bepflanzen, aber manche gestalten sich einen „Goldenen Herbst“. Auch bei Hauseingangstüren und auf Terrassen sind Arrangements ein toller Schmuck.

Blühende Farbenpracht

Die leuchtendsten Farben liefern Chrysanthemen und Herbstastern. Chrysanthemen gibt es mit einfachen und gefüllten, kleinen und großen Blüten, in allen nur denkbaren Gelb-, Rot- und Lilatönen, dazu in Weiß. Sie halten bis zum November. An Gänseblümchen erinnern die winzigen Blüten der Herbstastern in Weiß, Pink und Violett.

Vor wenigen Jahren galt er noch als Exote, heute gehört er schon zum Standart-Sortiment der Gärtner: der Zierkohl. Alle Farben des Herbstes vereint er – manchmal auf einer einzigen Pflanze, die einer riesigen Blüte ähnelt. Je niedriger die Temperaturen fallen, desto bunter zeigt er sich, und das bis weit in den Winter hinein.

Zierkohl mit Tautropfen – eine besondere „Herbstblume!

Bunte Blätter

Jeder Blüte Konkurrenz machen die schönen Blattpflanzen: Goldgelbes Pfennigkraut findet sich da ebenso wie Ziersalbei in Purpur, silbern glänzende Goldnesseln, Minibergenien, die sich bei Frost rötlich verfärben und noch viele mehr.

Einige dieser Blattschönheiten können Sie noch mitten im Winter sehen lassen; andere ziehen im November/Dezember ein, treiben aber im nächsten Jahr wieder aus.

Übrigens: Je besser die Pflanzen eingewurzelt sind, desto leichter überstehen sie die kalte Jahreszeit. Pflanzen Sie daher möglichst frühzeitig, damit die Neuerwerbungen noch richtig Fuß fassen können.

Klassiker

Noch eindrucksvoller sind die echten Herbst-Highlights: ein Korb mit Erika, ein Chrysanthemenbäumchen, eine Torfmyrte mit Beeren oder ein Ziergras – für mich ein Favorit: das Lampenputzergras.

Wenig Aufwand!

Das Besondere ist, dass die Pflanzen Frost und Kälte relativ gut vertragen und den ganzen Herbst für Freude sorgen. Sie benötigen wenig Pflege und sollten schon so eng zusammengepflanzt werden, wie das Arrangement den Herbst über aussehen soll, denn die Pflanzen entwickeln sich in der kalten Jahreszeit nur noch sehr wenig. Als Substrat eignet sich normale Gärtnererde. Nach der Pflanzung muss einmal durchdringend gegossen werden, danach nur noch ab und zu, je nach Witterung.

LÜCKEN FÜLLEN

Sieht ein Herbstkasten einmal nicht mehr so schön aus, dann genügt es oft, einige Föhren-, Tannen- oder auch Mistelzweige in die Erde zu stecken.

Erika gehören seit Jahren zum Standardsortiment der Herbstsaison.

Intelligent und faul durch den Oktober

Was ist zu tun?

BLUMEN & CO.

- Einjährige Sommerblumen abräumen und auf den Kompost bringen.
- Nicht alle Stauden zurückschneiden, viele Triebe dienen als Winterschutz, die Fruchtstände sind Nahrung für Vögel und der Raureif schmückt die Triebe. Lassen Sie auch die Gräser stehen – sie sehen im Winter besonders schön aus. Außerdem könnten sie ansonsten durch Wasser, das sich in den abgeschnittenen Gräserschäften sammelt, leicht auffrieren.
- Rosen anhäufeln, gegen Ende des Monats mit Reisig abdecken.
- Jetzt, nach dem Laubfall, ist die beste Pflanzzeit. Pflanzen von Gehölzen, Rosen, Steingartenpflanzen, Blütenstauden, die im Frühjahr blühen, und zweijährigen Sommerblumen. Bei Pflanzen ohne Ballen (wurzelnackte Pflanzen) werden die Triebe stark eingekürzt und die Gehölze anschließend besonders gut eingegossen.
- Dahlien nach dem Frost abräumen, Knollen einwintern. Auch Gladiolen, Blumenrohr (*Canna*) und Knollen-Begonien sollten jetzt ins Haus gebracht werden. Es eignen sich Sandkisten, da so keine Fäulnis entsteht. Vergessen Sie nicht auf die Beschriftung!
- Kübelpflanzen einräumen. Die härteren wie Oleander länger im Freien belassen, da so die Triebe besser abschließen und fester in den Winter gehen. An besonders kritischen Tagen mit Vlies schützen.
- Winterbepflanzung am Balkon vornehmen. Es eignen sich Chrysanthemen, Erika, Gräser, kleine Gehölze und Koniferen.
- Viele Chrysanthemen werden durch eine einzige Frostnacht vernichtet, dabei wäre es anschließend wieder wochenlang mild gewesen. Die Pflanzen daher beim ersten Frost in der Nacht mit Vlies schützen.
- Der Rasen wird ein letztes Mal vor der Ruhepause gemäht.
- Halbreifen Kompost auf Beeten und Baumscheiben verteilen.
- Der Gartenteich sollte jetzt ausgeräumt werden: Laub und verwelkte Pflanzenteile werden entfernt. Nicht winterharte Pflanzen, die nicht in mindestens 80 cm Tiefe stehen, kommen in den Keller.
- Unter Bäumen und Sträuchern bietet liegen gebliebenes Laub guten Winterschutz und dient als Mulchschicht. Es ist auch Unterschlupf für viele nützliche Insekten wie Laufkäfer.
- Entleeren Sie rechtzeitig alle Wasserleitungen und Wasserbecken. Auch Gartenschläuche dürfen nicht „frieren" – sie würden spröde und brüchig werden.

GEMÜSE & KRÄUTER

- Wenig genutzte Böden für das nächste Jahr vorbereiten. Umstechen und die groben Schollen liegen lassen, um im Frühjahr mit Hilfe der Winterfröste feinkrümelige Erde zu erhalten.
- Gründüngungspflanzen auf den Beeten stehen lassen, da deren Wurzeln die Bodenstruktur verbessern und bei Leguminosen (Hülsenfrüchten) der Stickstoff im Boden den Pflanzen im Frühjahr zu einem guten Start verhilft.

Nüsse müssen trocken gelagert werden.

- Wenn noch nicht im September geschehen, so sollte jetzt auf jenen Flächen, die im nächsten Jahr mit stark zehrendem Gemüse bepflanzt werden, Kompost und Mist ausgestreut werden. Der Kompost kann durchaus in halbreifem Stadium sein.
- Feldsalat mit Vlies abdecken.
- Wintersteckzwiebeln können noch gepflanzt werden.
- Ernten von Chinakohl, Zucchini, Karotten, Rettich, Endivien, Kohlarten und Fenchel.
- Rhabarber teilen und wieder auspflanzen. Eine Faustregel besagt, dass alte Stöcke nach 8 Jahren geteilt werden sollten.
- Empfindliche, noch nicht erntereife Gemüse gegen Kälte schützen. Kohl, Karfiol, Lauch und Mangold trotzen dem Frost.

OBST & NASCHGARTEN

- Ernten von Äpfeln, Birnen, Nüssen und Himbeeren. Gut einlagern oder einkochen.
- Angefaultes Obst aufsammeln, aber nicht auf den Kompost geben.
- Pflanzen von Beerensträuchern.
- Brombeeren schneiden. Geschnittenes in den Sträuchern als Frostschutz belassen.

PFLANZENSCHUTZ

- Im Oktober ist es an der Zeit, gegen den Frostspanner Leimringe an den Obstbäumen anzubringen. Die Frostspanner-Weibchen sind ungeflügelt und müssen daher in die Baumkrone kriechen, über den Stamm und den Baumpflock. Deshalb muss der Leimring sowohl am Stamm als auch am Pflock angelegt werden. Während der Zeit von Oktober bis Anfang März können keine Nützlinge auf dem Leimring gefangen werden und daher ist er völlig ungefährlich für die Helfer im Garten. Viele Gartenbesitzer legen Leimringe an, um Ameisen während der Sommermonate zu fangen. So werden aber auch Nützlinge abgetötet.
- Baumstämme abkratzen und mit Baumanstrich versehen, damit die Sonne die Rinde nicht erwärmt und Frostrisse verursacht. Außerdem werden Schädlinge vernichtet.
- Gegen Wühlmäuse vorzubeugen ist jetzt besonders wichtig. In gefährdeten Gärten Bäume nur in großen Gitterkörben pflanzen, Baumscheiben nicht mulchen.

Leises Rascheln im Blätterwald

Es ist alljährlich ein unvergleichliches Naturschauspiel. Einige kalte Nächte genügen und die Bäume zeigen sich im schönsten Farbenkleid. „Indian Summer" wird es in Kanada und Nordamerika genannt, und viele reisen zu dieser Zeit eigens dorthin.
Doch wozu verreisen? Die wunderbare Laubfärbung ist doch in unseren Breiten nicht weniger prächtig!

Warum färbt sich das Laub?

Die Färbung des Laubs ist nur das sichtbare Zeichen für eine perfekte Recycling-Maschinerie. Die Bäume holen alle Nährstoffe aus dem Blatt zurück und speichern sie in den Wurzeln, um im nächsten Frühjahr mit viel Kraft zu starten. Zurück bleibt die „Grundfarbe" der Blätter, das Blattgrün (Chlorophyll) wird abgebaut.

Das Gold des Biogärtners liegen lassen

Manche Gärtner werden angesichts der Laubmassen unruhig und stürzen wiederholt zum Laubrechen. Halt, halt! Nichts übertreiben. Das „Gold des Biogärtners" ist im Garten ein Segen. Laub sollte daher nicht überall penibel weggerecht werden: Lassen Sie es unter Bäumen und Sträuchern liegen. Viele Nützlinge können dort Unterschlupf suchen und den kalten Winter überstehen.

Besonders problematisch ist der Laubsauger, weil alle Nutzinsekten „abgesaugt" und regelrecht gehäckselt werden.

Laub, das man unter Bäumen liegen lassen will, wird oft vom Wind verweht. Die einfachste Methode ist das Laub mit einer dünnen Schicht Kompost oder Rindenmulch zu beschweren. Dann wird in dieser Mulchschicht nicht nur hervorragender Humus entstehen; auch viele Nützlinge werden darunter überwintern: Laufkäfer zum Beispiel, die große Schneckenvertilger sind. Oder, wenn ein wenig mehr Laub beisammen liegt, Igel – auch für sie sind Schnecken ein Hochgenuss.

Wilder Wein in beeindruckender Herbstfärbung

Leuchtend gelb bis rot färbt sich die Felsenbirne.

Nur den Rasen säubern!

Von Rasenflächen gehört Laub natürlich entfernt. Das Gras würde darunter ersticken und zu faulen beginnen. Laub gehört allerdings nicht in die Mülltonne, sondern unbedingt auf den Kompost. Dort wird daraus innerhalb weniger Monate wieder Humus. Damit Laub rasch kompostiert, vermischen Sie es mit anderen Abfällen oder fügen Sie Hornspäne als Stickstofflieferanten zu.

Kastanie und Nuss – Problemlaub

Eine Vorsichtsmaßnahme sollte der Hobbygärtner unbedingt treffen: Seit dem Auftreten der Kastanien-Miniermotte muss befallenes Laub unbedingt über die Müllabfuhr entsorgt werden. Am besten wird es verbrannt. Dann ist sichergestellt, dass die in den Blättern überwinternden Larven vernichtet werden.

Nusslaub verrottet durch den hohen Anteil an Gerbsäure sehr langsam, ist aber für den Kompost nicht giftig, wie oft gemeint wird. Geringe Mengen dieses Laubes können problemlos unter den Kompost gemengt werden, bei größeren Mengen lohnt es sich, einen eigenen Nusslaub-Kompost an zulegen. Er benötigt zwar einige Zeit länger zum Verrotten, der Humus ist aber dann als Abdeckmaterial unter Bäumen hervorragend geeignet, weil er das Unkrautwachstum bremst.

LAUBKOMPOST FÜR RHODODENDREN

Laubkompost extra kompostiert liefert den so genannten Laubhumus, der in etwa mit Torfmull zu vergleichen ist und hervorragend für Moorbeete (Rhododendren, Azaleen, Heidelbeeren etc.) verwendet werden kann.

Intelligent und faul durch den Oktober

LASST DIE REGENWÜRMER ARBEITEN!

? ***Ihre Pflanzen wollen nicht so richtig gedeihen?***

Lassen Sie sich von Regenwürmern helfen. Regenwürmer verbessern die Bodenstruktur. Versorgen Sie den Boden mit Kompost und bedecken ihn mit organischem Material. So fördern Sie diese Nützlinge und werden mit gesundem Pflanzenwachstum belohnt.

FRÜHLING AM BALKON VORBEREITEN!

? ***Wann werden Blumenzwiebeln in Kästen gelegt?***

Jetzt können Blumenzwiebeln auf Balkon und Terrasse in Gefäße gepflanzt werden.
Als Winterschmuck steckt man immergrüne Zweige dazwischen.

ROSEN PFLANZEN

Gut: Rosen werden im Frühling gepflanzt.

Besser: Rosen werden im Herbst gepflanzt. Denn jetzt ersteht man so genannte „wurzelnackte" Rosen ohne Topf und Erde.
Sie sind erstens preiswert und zweitens leicht zu transportieren.
Wurzelnackte Rosen werden vor dem Pflanzen über Nacht in einen Kübel Wasser gestellt, dann die Wurzeln angeschnitten und in ein gut vorbereitetes Pflanzloch gesetzt. Natürlich mit Kompost, Hornspänen und lockerer Gartenerde.

Schon im kommenden Jahr werden diese Rosen wunderschön blühen.

Nicht vergessen: Anhäufeln als Frost- und Verdunstungsschutz.

SCHNELLER LAUBERDE-KOMPOST

Jede Menge Laub im Herbst, doch wohin damit, wenn es schon zu viel für den Komposthaufen wird?

Geben Sie das Laub separat in gelochte Kunststoffsäcke. So wird es dann schattig gelagert und von Zeit zu Zeit gegossen. Nach sechs Monaten ist der Lauberde-Kompost fertig und ein idealer Ersatz für Torf.

KÜRBISSE LIEBEN ES WARM

Gut: Kürbisse im Herbst einlagern. Im Keller gelagert faulen sie allerdings manchmal nach ein paar Wochen.

Besser: Kürbisse sollten eigentlich bei Zimmertemperatur reifen, dann bilden sie eine harte Schale. Legen Sie daher Ihre Kürbisse in die Sonne oder in die warme Wohnung. Auf diese Weise können sie mehrere Monate gelagert werden. Dann gibt es den ganzen Winter lang gute Kürbisgerichte …

MIT ORDENTLICHER SCHNEID

Ohne Messer und Scheren geht es nicht. Das Wichtigste ist, dass die Klingen scharf sind und die beweglichen Teile gut geschmiert wurden. Die Hippe gilt zwar als Spezialmesser zum Veredeln von Obstbäumen und Rosen, doch die scharfe Klinge ist auch für viele andere Schnittarbeiten praktisch. Eine Haushaltsschere (für Blumen oder zum Ernten von Obst und Gemüse) sollte immer griffbereit sein.
Verwenden Sie Scheren, deren Klingen Sie nachziehen können. Besonders praktisch, aber leider nicht überall erhältlich, sind Schafscheren. Sie sind für den Schnitt von kleinen Buchshecken oder Rasenkanten hervorragend geeignet. Bei den Gartenscheren haben sich die klassischen Modelle mit zweischneidigem Schnitt am besten bewährt. Amboss-Gartenscheren schonen die Pflanzen weniger, sind aber erheblich stärker: Äste bis zu 3 cm Dicke können damit problemlos abgeschnitten werden.

Intelligent und faul durch den

November

Was ist zu tun?

Das Laub muss vom Rasen entfernt werden, unter Sträuchern soll es liegen bleiben.

BLUMEN & CO.

- Solange der Boden offen bleibt, kann noch gepflanzt werden.
- Damit der Frühling nicht ohne Blüten beginnt, stecken Sie Zwiebeln von Narzissen, Tulpen, Krokussen und Schneeglöckchen in die noch offene Erde.
- Beetrosen anhäufeln und so vor Frösten schützen. Hochstammrosen werden herabgebogen und mit Erde bedeckt.
- Laub vom Rasen entfernen und den Teich ausräumen. Nicht winterharte Wasserpflanzen in den Keller bringen.
- Alle Kübelpflanzen werden eingeräumt. Bei der Einwinterung die verschiedenen Ansprüche beachten.
- Im Winterquartier Balkonblumen und Kübelpflanzen genau auf Schädlinge überprüfen.
- Immergrüne Pflanzen und Rhododendren besonders gut wässern.
- Schneiden der Ziergehölze möglich, ausgenommen frühjahrsblühende Sträucher wie Forsythie oder Flieder.
- Hohe Gräser zusammenbinden.
- Säulenformen bei Koniferen zusammenbinden, um Schäden durch Schneelast zu verhindern.
- Eriken bringen jetzt in die Fensterkästen noch Farbe. Herbstpflanzungen mit Eriken, Chrysanthemen und Stiefmütterchen eventuell auch auf Gräbern vornehmen.

Winterlauch wird jetzt geerntet.

GEMÜSE & KRÄUTER

- Wird jetzt im November der Boden mit der Grabgabel gelockert, besteht keine Gefahr mehr, dass Schnecken ihre Eier in die Erdritzen legen.
- Ernten von Kohl, Karfiol, Endivien, Feldsalat und Winterlauch.
- Wurzelgemüse kann in feuchtem Sand eingeschlagen werden.
- Kräuter, die frostempfindlich sind, entweder ins Haus räumen oder abdecken.

OBST & NASCHGARTEN

- Baumanstriche gegen Frostrisse vornehmen. Ein südseitig angelehntes Brett schützt auch vor Sonneneinstrahlung, die tagsüber den Stamm erwärmt und in der Folge in frostigen Nächten den Saft gefrieren lässt.
- Pflanzen von Obstbäumen.
- Beerensträucher können leicht und schnell durch Absenker vermehrt werden.
- Krebs an Obstbäumen ausschneiden und Wunden verschließen.
- Äpfel nicht neben Kartoffeln lagern.

In 7 Schritten zum winterfesten Garten

1 Vergessen Sie den Herbstputz

Laub wird nur von Gartenwegen und dem Rasen entfernt. Unter Bäumen, Sträuchern und der Hecke bleibt es liegen. Es ist eine Oase für viele Nützlinge (Igel, Laufkäfer, u.a.).

Damit das Laub nicht vom Wind verblasen wird, streuen Sie auf die Laubschicht eine dünne Schicht Kompost oder Rindendekor.

2 Umstechen: Nein, danke!

Wer die Erde regelmäßig mit Kompost versorgt und auch immer wieder mulcht, also mit Rasenschnitt oder Rindenhäcksel bedeckt, wird bemerken, dass der Boden viel lockerer ist als früher. Statt Spaten wird die Grabgabel verwendet: Alle zehn Zentimeter wird sie in den Boden gerammt und am Griff vor und zurück gerüttelt. Ein Gerät für intelligente Faule ist auch die Gartenkralle – sie funktioniert aber nur in humusreichem Boden gut.

3 Abschneiden – jetzt noch nicht!

Ob bei Rosen oder Stauden – der Rückschnitt erfolgt im Frühjahr. Die Triebe von sehr wuchsstarken Rosen können zwar etwas eingekürzt werden, um die Pflanzen anzuhäufeln und mit Reisig zu schützen, der Rückschnitt erfolgt aber erst Mitte März.

Kletter- und Strauchrosen werden generell nicht geschnitten oder nur das mehrere Jahre alte Holz entfernt. Stauden wie Pfingstrosen, Glockenblumen, Phlox und alle Ziergräser werden erst im Frühjahr entfernt.

Raureif, der sich in den nächsten Wochen auf die Fruchtstände legt, ist nicht nur schön und wirkt wie eine „zweite Blüte", die Samen bieten darüber hinaus Singvögeln natürliche Nahrung.

4 Kübelpflanzen einwintern

Wer meint, Oleander & Co. seien empfindlich, irrt. Alle hartlaubigen Kübelpflanzen (Oleander, Palmen etc.) halten Frost bis zu minus 5 °C aus und bleiben gesund. Orangen, Zitronen, Fuchsien, Enzianstrauch sollten jedoch längst ins Winterquartier. Überwintert wird in einem hellen, kühlen Raum. Der Keller eines Neubaus ist meist zu dunkel. Hier helfen ganz normale Leuchtstoffröhren, die 7 Stunden eingeschaltet bleiben. Die Temperatur im Keller darf aber nicht mehr als 8 bis 10 Grad betragen. Gegossen wird sehr sparsam.

5 Winter- und Frühjahrsblüher jetzt pflanzen

Narzissen, Tulpen, Hyazinthen und viele andere Frühjahrsblüher kommen jetzt in den Boden. Tuffs im Rasen sehen besonders hübsch aus. Und noch ein Ratschlag: Pflanzen Sie im Winter blühende Gehölze: die gelb blühende Zaubernuss, den Duft-Schneeball mit seinem betörend süßlichen Geruch und den Winter-Jasmin mit seinen zauberhaften, gelben Blüten. Sie werden staunen.

6 Bäume schützen

Für den Obstbaumschnitt ist es noch viel zu früh, aber schützen Sie die Baumstämme. Kalkmilch reflektiert die Wärme und verhindert so nach einer Frostnacht die gefährlichen Frostrisse. Fertige Baumanstriche enthalten neben Kalk auch noch andere (natürliche) Zuschlagstoffe, die jene Schädlinge vernichten, die sich in den Ritzen der Rinde versteckt halten.

7 Ausschau nach Schädlingen halten

Vorbeugen ist die beste Vorsorge. Für Schnecken gilt das besonders. Unter Brettern, Steinen und in Erdritzen liegen die „weißen Perlen" zu Dutzenden versteckt. Diese Eigelege sollte man sofort vernichten, denn aus jedem Ei schlüpft noch im November eine Schnecke.

Bei empfindlichen Kulturen lohnt sich jetzt noch das Aufstreuen von Schneckenkorn.

Gräser werden nicht zurückgeschnitten. Sie sind im Winter attraktiv. Außerdem könnte so das Wasser, das sich in den abgeschnittenen Gräserschäften sammelt, auffrieren.

Intelligent und faul durch den November

DER RICHTIGE STANDORT

Gut ist im Herbst zu pflanzen.

Besser ist es,
im Herbst die richtige Pflanze am richtigen Standort zu pflanzen.
Wer bestimmte Pflanzen an Standorten ziehen will, die dafür nicht geeignet sind, dem bleibt nicht viel Zeit zum Faulenzen im Garten. Wenn sich eine Pflanze so richtig wohl fühlt, wächst sie vital und bleibt gesund. Es spart viel – meist vergebliche – Mühe, wenn Sie sich genau informieren, welche Lichtverhältnisse, welchen Wasser- und Düngebedarf ein Gewächs hat. Wählen sie die Pflanzen nach den Gegebenheiten aus und nicht nach verlockenden Bildern im Gartenkatalog!

WASSERLEITUNGEN ENTLEEREN!

Wie kann Fleiß Arbeit sparen?

Es lohnt sich, im Spätherbst sämtliche Gartenschläuche, Wasserleitungen, Gießkannen, Untersetzer, Übertöpfe oder sonstige Gefäße zu entleeren, so dass keine Wasserreste verbleiben. „Vergessenes Wasser" kann sehr viel Kosten und Mühe verursachen, wenn die durch das Auffrieren beschädigten Teile ersetzt werden müssen. Gartenschläuche sollten nicht im Freien überwintern. Sie werden durch den ständigen Temperaturwechsel viel rascher spröde und brüchig.

Im Glashaus werden empfindliche Pflanzen gut über den Winter gebracht.

Karl Ploberger gibt vor laufender Kamera Tipps, wie aus Laub möglichst rasch guter Kompost entsteht.

UNKRAUT JÄTEN

Jetzt soll ich noch Unkraut jäten?

An trockenen, frostfreien Tagen kann sogar bis in den Dezember Unkraut gejätet werden. Diese Fitnessübung macht sich bezahlt, denn das neue Gartenjahr beginnt dann ohne unerwünschtes Begleitgrün.

TOTER BAUM ALS KLETTERGERÜST

Gut ist es, tote Bäume zu zerkleinern und daraus einen Holzhaufen als Quartier für Nützlinge anzulegen.

Besser ist es, den Baum gleich stehen zu lassen und in die Gestaltung einzubinden. Ein toter Baum ist ein gutes Gerüst für Kletterpflanzen.

HERBSTPFLANZUNG BRINGT VORTEILE

Außer bei sehr winterfrostempfindlichen Gehölzen lohnt es sich in jedem Fall, im Herbst zu pflanzen. Im Gegensatz zur Frühjahrspflanzung müssen jetzt gesetzte Gewächse weniger gegossen werden. Sie haben auch noch genug Zeit, um Feinwurzeln zu bilden.

Unordnung mit Ziel

Gärten sind das Reich der Menschen – so jedenfalls scheint es. Dabei sollte der Mensch so klug sein, Tieren ein Zuhause zu geben. Denn je vielfältiger das Leben in einem Garten ist, desto seltener treten Invasionen von Schädlingen auf. Außerdem wird ein solches kleines Naturparadies zum Erlebnis für Groß und Klein.

Viele, die in meinen Garten kommen, sind erstaunt: Das ist ein Naturgarten? Ja – denn nicht eine unordentliche Wildnis ist das Ziel, sondern Rückzugsmöglichkeiten für Tiere und auch Pflanzen.

„Faulheit" schafft Lebensräume

Der größte Feind der Natur ist absolute Sauberkeit: Wer jedes abgefallene Blatt, jeden abgebrochenen Zweig oder jedes wild wachsende Pflänzchen beseitigt, wird kaum Chancen haben, einen „Natur-Garten" zu bekommen. Es genügt z.B. schon einen so genannten Totholzhaufen zu errichten. Nicht an „prominenter Stelle", sondern irgendwo abseits hinter einem Baum oder Strauch. Diese aufeinander geschichteten Zweige und Äste – so, wie sie beim Baum- und Heckenschnitt anfallen – bieten ein hervorragendes Versteck für viele Nützlinge. Wird dieser Haufen im Herbst noch mit ein wenig Laub abgedeckt, so entsteht das ideale Überwinterungsquartier für Igel, Blindschleichen und Spitzmäuse. Wem davor ekelt, der sollte wissen, dass gerade diese „Nützlinge" mit Vorliebe Schnecken verspeisen und so für natürliche Schädlingsbekämpfung sorgen.

Als selbstverständlich sollte gelten, dass unter Bäumen und Sträuchern das Herbstlaub liegen bleibt. Unter der dicken, wärmenden Schicht finden viele der nützlichen Tiere ein Winterquartier.

Haufen aus Stein

Auch ein Sand- und Steinhaufen sorgt für Leben im Garten: Eidechsen, Blindschleichen und viele Laufkäferarten fühlen sich dort wohl. Ein halber Quadratmeter an einer etwas abgelegenen Stelle des Gartens genügt schon und wieder ist ein kleines Stück Natur entstanden.

Nützlingshotel

Wer viele (für den Menschen ungefährliche) Insekten in den Garten holen will, errichtet am besten eine ganze Nistwand. Ein einfacher Holzrahmen gefüllt mit Lochziegeln, Strohhalmen, Lehm oder Reisigbündeln und angebohrtem Hartholz kann eine ganze Schar von Hautflüglern anlocken. Insekten, die dafür sorgen, dass die Schädlinge im Garten nicht überhand nehmen und die Obstgehölze befruchtet werden.

Wilde Hecke & Blumenwiese

In einem solchen Mini-Naturpark dürfen natürlich auch nicht die passenden Pflanzen fehlen. Vogelbeere und Schwarzer Holunder stehen bei Vögeln ganz hoch im Kurs (mehr als 60 Arten fressen ihre Früchte).

Insekten bevorzugen vor allem die Sal-Weide (mehr als 200 Arten), den Eingriffeligen Weißdorn (160 Arten) und die Schlehe (130 Arten).

Von den Säugetieren werden wiederum Wildapfel (35 Arten), Haselnuss sowie Wildbirne (jeweils etwa 20 Arten) geschätzt und regelmäßig besucht.

Die größte Oase in einem Garten ist zweifellos die Blumenwiese: Durch ihren Artenreichtum bietet sie zahlreichen Tieren Schutz und Nahrung. Angenehm für den Gartenbesitzer: Sie macht deutlich weniger Arbeit als der „Englische Rasen".

Unordnung bietet vielen verschiedenen Nützlingen Unterschlupf. Auch optisch ist es letztlich eine Frage der Wahrnehmung, ob Unordnung stört …

Intelligent und faul durch den

Dezember

Was ist zu tun?

WAS IST ZU TUN?

Welche Arbeiten im Dezember noch durchgeführt werden können, hängt ganz von der Witterung in diesem Jahr ab.

- Wenn noch nicht geschehen, alle Wasserleitungen, Becken und sonstige Wasservorratsbehälter sorgfältig entleeren.
- Mit der Vogelfütterung beginnen, denn Vögel sind Nützlinge und helfen in der nächsten Gartensaison im Kampf gegen Schädlinge.
- Einleiten der Ruhezeit bei Zimmer- und Kübelpflanzen (weniger Gießen, kühlere Temperaturen).
- Verkahlte Hecken stark zurückschneiden und so den Austrieb im Frühjahr anregen.
- Bei schwerem Schnee Gehölze abschütteln, damit sie keine Bruchschäden erleiden.
- Am Barbaratag Kirschzweige schneiden, sie sollten am Heiligen Abend blühen. Kirschzweige in lauwarmes Wasser legen und in der Vase zum Blühen bringen. Auch Forsythien und Dirndlstrauch (Kornelkirsche) lassen sich vortreiben.
- Adventkränze und -gestecke rechtzeitig vorbereiten.

BLUMEN & CO.

- Ist der Boden offen, können laublose Gehölze gepflanzt werden.
- Bei Kahlfrost, also Minustemperaturen ohne Schnee, schützen Sie Stiefmütterchen, Goldlack oder Vergissmeinnicht mit Tannenzweigen.
- Geben Sie den Zimmerpflanzen den hellsten Platz. Bei trockener Zimmerluft Blätter mit reinem Wasser aus einer Sprühflasche benetzen.

Jetzt müssen für den Heiligen Abend die Kirschzweige geschnitten werden.

Manchmal blüht schon im Dezember der Bodnant-Schneeball (Viburnum x bodnantense).

- Beobachten Sie auch im Winter die Natur aufmerksam. Jetzt blühen manchmal schon Zaubernuss, Schneerosen, Duftschneeball und Winterjasmin.

GEMÜSE & KRÄUTER

- Ernten aller verbliebenen Gemüse. Wurzelgemüse unbedingt an frostfreien Tagen abernten.
- Lagerobst und -gemüse regelmäßig kontrollieren.
- Jetzt ist Zeit den Gemüsegarten für das kommende Jahr zu planen. Dabei sollten die Fruchtfolgen unbedingt bedacht werden.

OBST & NASCHGARTEN

- Schädlingsbefallsstellen und Krebs können auch in diesem Monat ausgeschnitten und behandelt werden.
- Wenn noch nicht geschehen, Abbürsten der Rinde und Schutzanstrich gegen Frostrisse durchführen.

Wintersorgen mit Topfpflanzen

So kuschelig sie auch für uns sein mögen – die langen Herbst- und Winterabende bedeuten für unsere Zimmerpflanzen ziemlichen Stress. Kommen dann auch noch Schädlinge dazu, kann das Ende unserer Topfpflanzen schneller da sein, als uns lieb ist.

Hier die sieben größten Probleme und wie man sie löst:

Problem 1: Zu wenig Licht!

Vorhang, Jalousie oder Rollo sind für Pflanzen im Winter „Gift". Für alle das Beste: ein Südfenster, denn jetzt gilt es, jeden Lichtstrahl auszunützen. Selbst Orchideen wie *Phalaenopsis* vertragen nun auch die sonnigsten Plätze.

Problem 2: Wüstenklima über dem Heizkörper

Das wohl größte Problem in unseren zentralgeheizten Räumen: Die Luft ist staubtrocken und bringt leider ideale Voraussetzungen für eine Invasion an Spinnmilben. Da helfen nur große Blumenuntersetzer, mit Tongranulat angefüllt, und ein kleinerer Untersetzer mit der Topfpflanze daraufgestellt. Das Granulat muss gut feucht gehalten werden, die Pflanze steht aber niemals im Wasser. Pflanzensprüher helfen auch, dem Wüstenklima zu entkommen.

Problem 3: Zugluft und kalte Füße

So wichtig der Fensterplatz ist, die kalte Luft beim Lüften oder die eiskalte Fensterbank sind eine große Gefahr. Bei der Stoßlüftung daher die Pflanzen wegstellen und sonst immer ein Stück Styropor (mit Zierabdeckung) als Isolierung unter den Topf.

Problem 4: Blätter grau statt grün

Staub auf den Blättern ist im Winter besonders lästig. Der Lichtmangel wird verstärkt und für unsere Nasen sind die Staubwolken auch nicht gut. Mit abgestandenem Bier oder Milch, die mit Wasser verdünnt wird, reinigt man alle normalerweise glänzenden Blätter – und schon geht's dem Blumenstock besser.

Problem 5: Invasion der Minifliegen

Trauermücken heißen die lästigen Dinger, die sich rund um die Blumentöpfe tummeln. Allerdings nur dort, wo die Erde zu nass gehalten wird. Gerade im Winter ist es wichtig, dass man die Töpfe immer wieder abtrocknen (nicht austrocknen!) lässt.

Orchideen (hier Phalaenopsis) lieben im Winter einen sonnigen Platz, dann blühen sie über viele Wochen.

Problem 6: Grauschimmel auf der Erde

Meist keine Krankheit, sondern nur der Kalk aus der Wasserleitung, der hier „ausblüht". Auch auf Tontöpfen ist er oft zu finden. Da hilft nur Regenwasser oder wenigstens abgestandenes Wasser. Noch besser: das Kochwasser der Kartoffeln – es enthält auch Mineralien.

Problem 7: Lausige Zeiten

Die einzigen Schädlinge, die jetzt im Zimmer wirklich Probleme machen: Blattläuse, Schildläuse und Wollläuse. Und bei allen hilft das gute, alte Schmierseifenwasser. Gibt man bei den letzteren beiden auch noch Rapsöl dazu, ist das Problem schon fast Geschichte.

Intelligent und faul durch den Dezember

PLANEN SIE EINE TROCKENMAUER: SIE HILFT MENSCH UND TIER

So entsteht die Trockenmauer ... nächstes Jahr ...

Auf ein gut verdichtetes Schotterfundament werden Natursteine so aufgelegt, dass in den Fugen Platz für ein Sand/Erdgemisch ist.

Als Mischung ist ein Verhältnis von zwei Teilen Sand und einem Teil Lehm ideal. Hinterfüllt wird die Mauer mit grobem Schotter oder Ziegelschutt. Diese Dränageschicht ist einerseits für die Stabilität der Mauer wichtig, andererseits bieten die hier entstehenden Hohlräume vielen Tieren Unterschlupf.

Die Fugen, die immer versetzt angelegt werden, sind einerseits mit dem Sand-Erd-Gemisch zu füllen, andererseits sofort zu bepflanzen. Besorgen Sie sich deshalb für die Trockenmauer gleich beim Errichten die passenden Pflanzen und fügen Sie die Wurzelballen in das Bauwerk ein. Damit sind die Pflanzen gut und fest verankert.

Keinesfalls überschwänglich blühende Standardpolsterstauden verwenden – sie würden den natürlichen Charakter stören, intensive Pflege benötigen (z.B. häufiges Gießen) und damit gerade das Gegenteil eines bequemen Gartens bewirken.

Steine
Wählen Sie unterschiedlich große Steine, allerdings von einer Gesteinsart.

Erde
Vermischen Sie normale Gartenerde zur Hälfte mit Sand und Kies.

Pflanzen
Wählen Sie trockenheitsliebende Pflanzen, die je nach Standort der Mauer Sonne oder Halbschatten vorziehen.

Fertig!
Im ersten Jahr wird eine Trockenmauer noch nicht ihre volle Pracht zeigen – Sie sollten zwei, drei Jahre Geduld haben.

PFLANZEN FÜR DIE TROCKENMAUER

NIEDRIGE ARTEN (ca. 5-10 cm): ***Fetthenne, Gänsekresse, Gelber Lerchensporn, Glockenblumen, Hauswurz, Heidenelke, Hungerblümchen, Moossteinbrech, Scharfer Mauerpfeffer, Silberdistel, Thymianarten, Zimbelkraut***

HÖHERE ARTEN (ca. 20-40 cm): ***Dost, Ehrenpreis, Küchenschelle, Natternkopf, Skabiosen-Flockenblume***

VÖGEL FÜTTERN

Bei Schnee und klirrendem Frost sind die Vögel für Futter dankbar. Was kann man für die wichtigen Helfer im Garten jetzt tun?

Futterkästen werden am geschicktesten in der Nähe des Eingangs oder der Terrassentür aufgestellt – möglichst hoch genug und so geschützt, dass Katzen nicht herankommen.

Achten Sie beim Kauf des Futterhauses auf ein Modell mit Vorratsbehälter. Als Futter verwenden Sie ausschließlich Körnerfutter – Sie dürfen keinesfalls altes Brot oder andere Speisereste verfüttern! Gewürzte und vor allem gesalzene Speisen verursachen bei den Tieren Darmprobleme, die sogar zum Tod führen können.

Beginnen sollten Sie mit der Fütterung vor dem ersten Schneefall – allerdings nur in ganz geringen Mengen. Sobald die Schneedecke geschlossen ist, wird gefüttert bis zum nächsten Frühjahr.

Es ist ein Ros entsprungen ...

Es soll der Mönch Augustinus gewesen sein, der im Angesicht einer „mitten im kalten Winter“ erblühten Schneerose den Text für dieses Weihnachtslied geschrieben hat. Ob es wirklich die Schneerose, oder eine „echte“ Rose war – egal: Christrosen begeisterten die Menschen schon immer.
Wenn Pflanzen mitten im Winter zu blühen beginnen, dann müssen sie schon etwas Besonderes sein.

WETTERVORHERSAGE FÜR EIN JAHR

Auf dem Land galt die Christrose als Orakelblume. Man stellte in der Weihnachtsnacht zwölf Blütenknospen der Christrose ins Wasser, jede Knospe für einen Monat. Man las das Wetter des kommenden Jahres an der Art und Weise ab, wie sich die Knospen öffneten. Geschlossene Knospen bedeuteten schlechtes Wetter, offene gutes.

Christrose, Schneerose und Nieswurz

Mit der Nieswurz, wie die Gattung genannt wird, putzte man sich im Altertum – allerdings des Giftes wegen nicht ganz ungefährlich – die Nase und meinte, damit böse Geister und Krankheiten „hinauszuniesen“. Die pulverisierten Rhizome der Christrose sind heute noch Bestandteile von Schnupftabaksorten und Niespulvern.

In den letzten Jahren werden Christrosen zunehmend als Tischdekoration zu Weihnachten verwendet.

Blüten- und Blattschmuck

Im Garten ist die Christ- oder Schneerose (*Helleborus niger*, die Schwarz-Nieswurz, ist die eigentliche "Christrose") alleine schon durch das Blatt ein "Winterschmuck". In Kälte und Schnee gehören einige Arten und Sorten auch zu den ersten Duftlieferanten des winterlichen Gartens.

Wenn man einige Blüten ins Zimmer holt, dann kommt der gute Duft erst richtig zur Geltung. In der Vase halten sie als Schnittblumen allerdings nur kurze Zeit.

Stinkende Nieswurz und Hybriden

Interessant für den Garten ist auch die in Westeuropa heimische Stink-Nieswurz (*Helleborus foetidus*, nach dem Wurzelgeruch). Sie ist das ganze Jahr attraktiv und eine kräftige Pflanze, die oft über hundert Blüten bringt. Der Trend der letzten Jahre sind aber die Lenzrosen *(Helleborus (Orientalis Grp.))*. Durch gezielte Kreuzungen entstanden viele schöne Hybriden: gesprenkelt, punktiert, gestreift ... Es gibt – im Gegensatz zu den Rosen – hier auch eine fast schwarze Hybride.

Standort und Pflege

Alle Nieswurzen lieben lichten Schatten an einem windgeschützten Standort und kalkhaltigen, humosen Boden. Vor dem Auspflanzen sollten

Sie auch die tieferen Bodenschichten mit Humus durchsetzten. Bilden die Schneerosen keine Blüten, ist häufig Kalkmangel die Ursache. Im Frühjahr sollte die Schneerose mit reichlich Feuchtigkeit versorgt sein, während die Pflanzen im Sommer eine Trockenphase gut überstehen.

Nach der Blüte können Sie die Stauden teilen, obwohl es ihnen gut tut, wenn sie über Jahre in Ruhe gelassen werden.

Wer zu Weihnachten blühende Christrosen im Topf kauft, sollte sie nach dem Abblühen sehr kühl und hell stellen. Gießen nicht vergessen und ab Ende Februar auspflanzen. Spätestens im übernächsten Jahr kommen dann wieder die Blüten.

Schneerosen blühen schon jetzt, diese Lenzrosen Anfang des nächsten Jahres.

BILDQUELLEN
Umschlag: Illustration Lisa Manneh, Bild H. Fuchs/TalkTV
Inhalt: alle Bilder www.gartenfoto.at (Daniel Böswirth, Alice Thinschmidt) ausgenommen Laux 17; Neumayr 84; Rita Newman 12, 15, 38, 39, 114, 117; J. Brocks/Natur im Garten 6; Ploberger 27, 69; H. Fuchs/TalkTV 7, 55, 76, 115; alle Illustrationen Peter Bürger, Elemente aus der Coverillustration Lisa Manneh

IMPRESSUM
©2006 Österreichischer Agrarverlag Druck- und Verlagsges.m.b.H. Nfg. KG, Sturzgasse 1a, A-1141 Wien, E-Mail: buch@avbuch.at, Internet: www.avbuch.at

Die Deutsche Bibliothek – CIP-Einheitsaufnahme
Die Deutsche Bibliothek verzeichnet diese Publikationen in der Deutschen Nationalbibliografie; detaillierte bibliografische Daten sind im Internet über http://dnb.ddb.de abrufbar.

Projektleitung (Redaktion & Herstellung): **Veronika Schubert,** Wien
Lektorat: **Bettina Jakl-Dresel,** Wien
Fachbeirat: **Gregor Dietrich,** Wien
Layout: **armanda, geisler Wien**
Umschlag & Satz: **Studio Svestka,** Wien
Bildreproduktion: **Hantsch & Jesch OEG,** Leopoldsdorf

Druck und Bindung: **AV+Astoria Druckzentrum,** Wien

Printed in Austria
ISBN-10: 3-7040-2180-6
ISBN-13: 978-3-7040-2180-9

Der schönste Garten
pflegefrei!
AS
ERDENWERKE
Mit dem unterirdisch verlegten
AS-Schwitzschlauch
gehört das Gießen von Rasen und Beeten
der Vergangenheit an!
Auch Ihr Parkplatz soll sich grün präsentieren?
Entsiegeln Sie Ihren Boden mit AS-Rasengitterplatten!
Diese Platten tragen selbst LKWs und ermöglichen
trotzdem einen gesunden Graswuchs!
Rasen neu anzulegen ist so
einfach: Bodenvorbereitung
mit AS-Komposaat,
Rasen ausrollen - fertig!
Flächentrennungen gestalten
Sie am besten mit den
AS-Rasenkanten:
Schön, preiswert, unverwüstlich!
Gerne informieren und beraten wir Sie über alle unsere pflegeleichten Produkte!
www.AS-ERDENWERKE.at A-1170 Wien, Steinerg. 8 Tel.: +43 1 4023300-18 Fax: /27 office@as-erdenwerke.at

Bio Gemüse & Kräuter
Saatgut aus biologischer Landwirtschaft
Qualität, die man sät!
auch in geprüfter Bio-Qualität
Widerstandsfähige Sorten sparen Arbeit und Spritzmittel.
Gartenfrisch auf den Tisch, Kräuter aus dem eigenen Garten.
BODENVITAL
AUSTROSAAT
GRÜNDÜNGUNG belebt den Boden.
AUSTROSAAT
BLUMENsamen
GEMÜSEsaatgut
KRÄUTERsamen
BLUMENzwiebel
RASENsaatgut
Österreichische Samenzucht- und Handels-Aktiengesellschaft
1232 Wien, Oberlaaerstraße 279
Tel.: 01-616 70 23-0
E-mail: officewien@austrosaat.at
8055 Graz, Puchstraße 172
Tel.: 0316 - 29 55 02-0
E-mail: officegraz@austrosaat.at
Picnic green
feiner Gartenrasen
... einfach zum Wohlfühlen
Weekend green
feiner SCHATTENrasen
...Sie haben es sich verdient!
Easy green
Gartenrasen-Erneuerung OHNE UMGRABEN
... lückenlos grün ohne umgraben!
Toskana garten
naturnaher Extensivrasen
...mit dem Charme des Südens
Paradies garten
Artenreiche, naturnahe Blumenwiese
...die Harmonie der Vielfalt!
BIO SAATGUT
aus kontrolliert biologischer Landwirtschaft
Bio-Kontrollnummer.: AT-O-01-BIO
Das "Gärtner-Tipp"-Programm bietet dem Privatgärtner moderne Sorten aus dem aktuellen Sortiment für Erwerbsgärtner.
AUSTROSAAT
Gärtner-Tipp

Der Weg zum schöneren Garten
80 ha bodenständige Pflanzenanzuchten
Rosen - Blütenstauden - Obstgehölze - Ziersträucher - Hecken
Kletterrosen - Gartenbäume - Nadelgehölze - Englische Rosen
PRASKAC
DAS PFLANZENLAND
3430 Tulln/Donau, Tel. 02272 62460 Fax 63816, office@praskac.at, www.praskac.at

WOHNEN
+ GARTEN
N
IN NIEDERÖSTERREICH